OUTDOOR
FABRIC

アウトドアファブリック大全

THE WALLET MADE WITH X-PAC

THE DAYPACK MADE WITH SILNYLON

THE TARP MADE WITH T/C

THE HAMMOCK
MADE WITH AIRLIGHTRIP-STOP NYLON

はじめに

アウトドアアクティビティは自然の中で楽しむものなので、常に危険と隣り合わせです。技術的な問題で起きうる危険はトレーニングをすることで防ぐことも可能ですが、急な天候悪化、たとえば降雪、雨、寒さや暑さなど天候の変化などは、人間単体ではどうやっても抗うことができません。

そんなシチュエーションの下で人間の命を守ってくれるのがアウトドアギアやウェアです。例えば、軽いバックパックがより遠くまで進むことを可能にしてくれたり、丈夫なファブリックがクライミングの際の擦り傷を減らしてくれたり、激しく身体を動かして汗をかいても身体がドライに保てたりと、素晴らしい機能を持ったアイテムが日進月歩で進化を遂げ、私たちの危険を軽減してくれています。それらの大きな要素の1つがアウトドア用途で使われるファブリックの進化でしょう。

今ではベーシック機能から高機能のもの、低価格から超高額なものまで非常に幅広い商品が世の中に出ています。しかし、だからこそ選ぶのが非常に難しいと思います。「ひとまず一番高い商品を買っておけば、間違いないだろう！」と高額商品を購入したものの、その商品がうたっている機能を100％フィールドで実感できずに、「高いけど、こんなものなのかな？」とか、「丈夫っていっているのにすぐに切れちゃったよ……」と思ってしまうこともしばしば。

もちろん、高額の理由が単純に"ブランド名の代金"といったこともありますが、もしかしたら、自分が求める機能と選択しているウェアやバックパックなどに使われているファブリックの機能がマッチしていない可能性もあります。

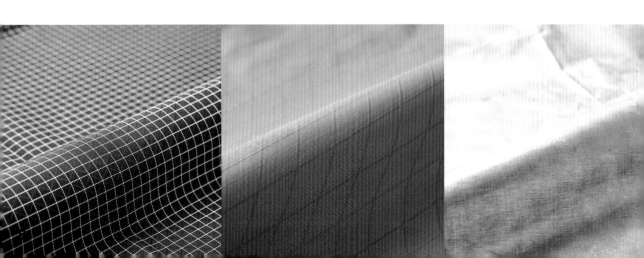

ウェアの視点で見てみると、選択方法は大きく分けて2つあります。「重ね着の方法」と「ファブリックの機能」です。重ね着の方法は、通常ウェアリングと呼ばれ、どんな素材と形状のものをベース、ミドル、アウターとして着るのかという考え方です。これは、自分の運動量、発汗量、フィールドの特性、季節、天候などによって選び方と重ね方が大きく変わってきます。ファブリックの機能には得意不得意を含めてそれぞれ個性があるため、どの特化機能を重要視するかによって選択が変わってきます。

　以上の2つを考えた上でどんなファブリックを選択すべきなのかを検討していけば、今まではただ高額商品を選んでいたのが、もう1つランクを下げても快適性と安全性を確保してくれる場合もあります。

　多くの方にアウトドアファブリックの特性を伝え、そこからご自身に合った機能と価格の商品を購入することができるようになることを、本書は目指しています。また、自分でアウトドアギアやウェアを作る方に向け「材料を買ったけどうまくファブリックが扱えなかった」とか「狙った効果が得られなかった」といったことを軽減し、コストパフォーマンスが高いアイテムを作れるファブリック選びの基準の1つとして役立てていただけたらなと思って書かせていただきました。独自の実験を通してファブリックを紹介し、また実際にギアを作っていますので、楽しんで学んでみてください。

長谷部雅一

CONTENTS

PART3
BASICS OF SEWING & EXAMPLES OF MYOG

縫製の基本とMYOG作例集　124

MYOG作例集

自分好みの使いやすさを追求できる

X-PAC ウォレット　　　134

強度と軽量性のバランスが大事

シルナイロンザック　　　138

人気タープも低コストで制作！

T/Cタープ&デイジーチェーン　144

ULハンモックも自作で！

エアライトリップハンモック　148

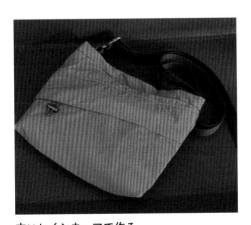

古いレインウェアで作る

リメイクサコッシュ　　　152

PART1

BASIC KNOWLEDGE ABOUT FABRIC

アウトドアファブリックの
基礎知識

自然の中に飛び込むアウトドアレジャーやスポーツの進化は、アウトド
アファブリックの進化とともにありました。まずは基本となるナイロン
やポリエステルなどに代表されるファブリックの種類や、構造・性質な
どへの理解を深めましょう。また、聞いたことはあっても意外と理解で
きていない専門用語も解説します。

繊維の歴史とアウトドアの発展

国威発揚をかけたアウトドアスポーツの先駆けでもある登山の進歩は、
繊維の進化なくして果たされるものではありませんでした。その進化は
今なお続き、私たちの暮らしと密接に関係しています。

繊維の歴史

　現在、私たちの身の回りには衣服、日用品、建築
資材など実に様々な種類の繊維が使われています。
それらの繊維は大きく「天然繊維」と「化学繊維」に
分けられます。天然繊維は綿、麻、絹、羊毛など天然
の素材そのものを繊維として使用するもので歴史は
古く、およそ6500〜8000年ほど前の石器時代か
ら織物は存在していたとされ、人々の生活を豊かに
するために使われてきたそうです。分布としてはエ
ジプトでは麻、インド周辺では綿が使われていたと
されています。

　天然繊維に対して、人間が化学的な方法で作り出
した繊維を総称して「化学繊維」と呼んでいます。誕
生してからはまだ100数十年程度しか経っていま
せんが、天然繊維にはない様々な特徴を持ったもの
がたくさん生まれました。

　イギリスでは、世界中で高価な繊維だった絹を人
工的に生み出す研究が始まり、1883年に硝酸を使
用した化学繊維の"人造絹糸"が生まれました。その
後1889年にパリ万博でこの繊維から作った織物を
出品し、この絹のような美しさと洗濯が可能な高性
能繊維は万博内でグランプリを獲得しました。

　1930年代にはアメリカで絹の代替品としてナイ
ロンが発明されました。もともと主流だったシルク
よりも優れたナイロンストッキングなどが世の中に
出て、化学繊維の世界は発展していきます。以降、
日本も含め様々な国で素晴らしい繊維が次々と生み

1935年に世界初の合成繊維「ナイロン」が誕生。
その生みの親ウォーレス・カロザース。彼の功績
が世界のファブリック事情を大きく変えた。

出され、人間の暮らしを豊かにしてきました。

アウトドアの発展

　アウトドア、特に山岳登山は技術や知識の向上と
共に、化学繊維の歴史の発展と共に進化したスポー
ツといっても過言ではありません。もともとは麻な
どの天然繊維から作られたロープが主流だったの
が、丈夫さ、水や寒冷化への強さや軽さなどが求め
られ、ナイロンロープが1950年頃から使われ始め
ます。

　難易度が高く命を落とす可能性が高い山も化学繊
維の発展のおかげでより身軽になり、その軽さによ
り体力の消耗も減るため、困難な山域でも短時間で

1953年5月29日に人類初となるエベレスト山頂に到達したニュージーランドの登山家、エドモンド・ヒラリーとテンジン・ノルゲイ。化学繊維の進歩も登山の世界を大きく変えた。

安全に登攀できるようになったと言えます。

　また、山岳テントも元々はコットン素材に防水処理をした程度だったため、もとから重量が重たく、収納サイズが大きいのに雨に降られると濡れてさらに重くなるというものでした。気温が低ければ濡れたコットンは当然凍ってしまい、扱いは大変になってしまうなどの難点が多くありました。しかし、これもナイロンの登場により、テントが進化して今までの難点が圧倒的に改善されたことで、人間が受ける負担や危険を大幅に減らすことができるようになりました。

　機能性が低かったハンティングアイテムやアウトドアウェア類も、ウールやコットンベースだったものが繊維の進化と共に防水透湿性や、防風性、軽量性やコンパクト性など、高性能なものに進化してきたおかげで、より厳しい自然の中に入っていけるためのベースができました。もちろん、まだまだクリアするべき点は多いので、それらは人間の知識と技術がカバーしていく必要はあります。

アウトドア系繊維のさらなる発展

　長い年月をかけて様々な進化を遂げた化学繊維や天然繊維ですが、より薄く、丈夫な素材づくりのおかげでより軽く、遠くへといったUL（ウルトラライト）思考のウェアやギアが生まれ、近年またさらに新しい方向に向けて歩み出しています。

　一方で天然繊維が見直されてもいます。もともと

は天然繊維を科学的に作り出すことを目的に開発され、進化してきている化学繊維ですが、肌触りや風合い、それぞれの天然素材が持つ特有の機能は、まだまだ天然繊維のほうが優れた点もたくさんあるからです。そのため、アウトドアの世界でも天然繊維の利用が改めて注目され始めています。

　また、開発、生産、消費されることで最終的にはゴミになっていく繊維ですが、未来に地球を引き継ぐためにも持続可能な社会を目指して、環境配慮型のものづくりの考え方が様々な業界で求められる段階に来てしまいました。

　そこで、マイクロプラスチック問題やゴミの増加、大気汚染などを繊維工業から減らすために、天然繊維はもちろんのこと、化学繊維のリサイクルや、土に還る成分分解素材、ペットボトルをポリエステル繊維に再利用する技術などのエコな素材が生まれてきており、日々様々な考え方のもと新しい繊維が生まれています。

　繊維業界の動きは、繊維を使った製品を扱う店舗まで浸透し、いらなくなった製品の回収を率先して行うようになり、そして流通まで考えられた仕組みも生まれ始めています。これらの素材は、今ではアウトドアの厳しい環境でも問題なく使用できるクオリティーまで高まり、高機能なウェアなどもリサイクル素材の活用がしやすくなってきています。

　これらの動きは、生産・開発者だけではなく、消費者側の意識改革、そして行動改革も必要になってきています。アウトドアファブリックにおいても、安全と機能、そして環境配慮の観点から素材選びをしていかなくてはなりません。

テントの進化においても、最新のファブリックが強靭な構造や新しいアイデアを形にするための大きな役割を果たした。

繊維の種類と進化

ナイロンの誕生により目覚ましく発展した化学繊維ですが、それ以前にも当然繊維は存在していました。まずは、現在世界に存在する繊維の種類を把握しておきましょう。

繊維の分類

　繊維の世界は非常に奥深く、一朝一夕では決して理解しきれるものではありません。でも、入り口部分だけでも学んでおくことで、現存する素材やこれから生まれる新素材の特徴を理解しやすくなったり、その特徴を価格面と機能面からバランスよく活用しやすくなったりします。これから少し紹介するので学んでおきましょう。

　繊維の種類は先ほど紹介したとおり、大きく分けると「天然繊維」と「化学繊維」があります。

　天然繊維は、もう少し細かく分類すると2つに分かれます。綿や麻といった植物由来の素材を使った「植物繊維」やウールやシルクのような動物由来の素材を使った「動物繊維」などがあります。

　化学繊維は人間が開発したものなので、さらに細かく分類されます。大きく分けると、次の4つに分類することができます。

　レーヨンやキュプラといった、木材パルプや綿などの天然素材を再生して作った繊維の「再生繊維」や、アセレートなど天然繊維を原料として他の物質を化学的に合成した「半合成繊維」、ナイロンやポリエステル、アクリルといった石油などの物質を化学的に繊維に合成した「化学繊維」。炭素繊維や金属繊維といったガラスなどの無機物からつくられた「無機繊維」などがあります。

　これらもまだ入り口の分類で、実際のところ繊維はもっと奥深く、さらに細かく分類されています

繊維として未だにこれ以上の保温性を持つものはないといわれているウール。保温性をはじめ天然繊維ならではの優れた機能がある。

が、まずはこの大きな分類を理解しておくだけで、ファブリックの使い分けがしやすくなります。次ページに今説明したことをわかりやすく図表化しています。

繊維に機能を持たせる工夫

　繊維は種類の他にも布として使えるように織物（ファブリック）にする際に、織り方や編み方の工夫をすることで、2方向や4方向に伸縮性を持たせたり、同じ素材を使っていてもより丈夫にしたり、肌触りをよくしたりと、様々な変化を持たせる開発もされています。

　また、織物になる前の糸自体をストローのように

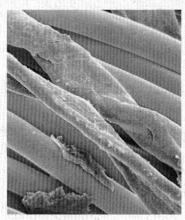

繊維の世界は、電子顕微鏡レベルのサイズで開発されている。繊維にどのような加工をするかで繊維が持つ機能が大きく変わる。

中空にして保温性を上げたり、早茹でパスタのように溝を入れることで吸水、拡散性を高めるなど、ミクロの世界での工夫がされたりしています。さらには、ナイロンやポリエステル、ポリウレタンなど様々な素材を組み合わせて糸にして、伸縮性を出したり風合いを硬くしたり柔らかくしたりするといった工夫もされています。

　つまり、繊維の種類、織り方、糸の特徴を出して、それらを様々な方法で組み合わせることによって、繊維はありとあらゆる機能を持つことができるというわけです。

アウトドア向けファブリックの進化

　アウトドア向けのファブリックの世界では、「ナイロン」「ポリエステル」「アクリル」が三大合成繊維といわれています。中でも「ナイロン」や「ポリエステル」をベースに様々な工夫をすることで大きく進化を遂げ、活躍しています。

　例えば、ナイロン繊維の織り方は、一定ではなく特殊な工夫をすることで、多少布地が切れてしまってもそれ以上広がりにくくしたり、シリコン素材でコーティングをすることで防水性を持たせたりと、実に様々です。昨今のキャンプシーンでは、コットンとポリエステルを混ぜてコットンの風合いとコットンの難点を解決してくれる化学繊維のそれぞれの特長のいいとこ取りをしたものなどもあります。

　ただし、アウトドア向けのファブリックは、今現在パーフェクトなものは存在しません。価格を安く抑える工夫としてポリウレタンコーティングをして防水性を高めますが、どうしても劣化が早いという難点があります。また、薄くて、軽くて、丈夫な防水ファブリックとなると、どうしても1mあたりの価格が一般の生地の数倍の値段になってしまいます。また、防水透湿性といっても、その能力にはまだ限界があるといったように、それぞれのファブリックにはポジティブとネガティブがどうしても存在します。それらをしっかり理解することで、本当に自分が求めているシチュエーションに合っているファブリックを選べるようになります。

　つまり、私たちがアウトドアギアを選んで購入するときは、耐久性、軽さ、柔らかさ、肌触り、防水性、撥水性など、どんな能力と特徴がある素材なのかの他に、どのような天候、フィールドで、自分が持っている知識と技術はどれくらいあるのか？そして価格面のバランスなどがキーになってきます。これができないと、単純にオーバースペックな物を高価な値段で購入してしまい、ファブリックが持つ本来の機能を引き出せなくなってしまします。「オーバースペック＝お金の浪費」にも繋がりますから、投資コストも単純に無駄になってしまいます。

　これらを理解しておけば、きっと自分が選ぶべき素材の方向性が見えやすくなってくるはずです。これは自分でアウトドアギアを作り出すときにも大きく役立つ判断基準になると思います。

防水機能や伸縮性などの付加価値は、編み方やコーティング方法の工夫によって生まれる。それらの工法も各企業が日々開発にはげんでいる。

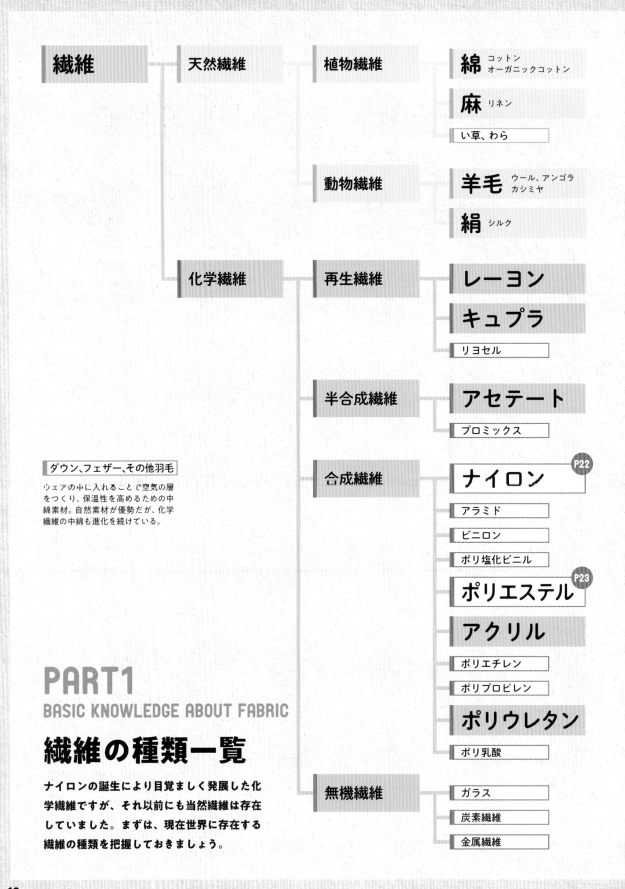

繊維 ── 天然繊維 ── 植物繊維 ── 綿 コットン オーガニックコットン

麻 リネン

い草、わら

動物繊維 ── 羊毛 ウール、アンゴラ カシミヤ

絹 シルク

化学繊維 ── 再生繊維 ── レーヨン

キュプラ

リヨセル

半合成繊維 ── アセテート

プロミックス

合成繊維 ── ナイロン P22

アラミド

ビニロン

ポリ塩化ビニル

ポリエステル P23

アクリル

ポリエチレン

ポリプロピレン

ポリウレタン

ポリ乳酸

無機繊維 ── ガラス

炭素繊維

金属繊維

ダウン、フェザー、その他羽毛
ウェアの中に入れることで空気の層
をつくり、保温性を高めるための中
綿素材。自然素材が優勢だが、化学
繊維の中綿も進化を続けている。

PART1
BASIC KNOWLEDGE ABOUT FABRIC
繊維の種類一覧

ナイロンの誕生により目覚ましく発展した化
学繊維ですが、それ以前にも当然繊維は存在
していました。まずは、現在世界に存在する
繊維の種類を把握しておきましょう。

綿 コットン
オーガニックコットン

綿花種子からできた白い繊維（コットンボール）のことで、約5000年前から使われていたとされている。化学薬品使用による健康や環境負荷を最小限にし、安全や児童労働など社会的規範を守り製造したものをオーガニックコットンという。

メリット

肌ざわりがよく、通気性があり涼しい。吸水性があり、濡れると強度が増して丈夫になる。熱にも強くて丈夫で、染色性や発色性に優れているため染めやすい。

デメリット

繊維自体が縮みやすいためシワになりやすい。濡れると乾燥までに時間がかかってしまうほか、長時間日光にあたると強度が下がり、黄色く変色しやすい。

用途

軍手や調理用ミトン、トートバッグ、下着や衣類などに使われる。

麻 リネン

麻は最古の繊維とも呼ばれており、同じ麻でも原料となる植物によりまったく性質が異なる。種類は20種近くあり、植物から繊維を採集する部分で分類する。ストロー状になっていて、繊維が空気を吸ったり吐いたりする力を持っている。

メリット

天然素材の中では引裂強度が強い。また、綿同様濡れると強度が増し、通気性と吸水性がある。また、水分の発散性に優れているため、清涼感がある。

デメリット

価格が高い。伸縮性がなく、麻の種類によっては肌触りが気になる場合もある。摩擦で毛羽立ちやすく、湿気でカビしやすい。シワになりやすい。

用途

麻の種類によるが、夏の衣料、寝具、カーペットなどに使われる。

羊毛 ウール、アンゴラ
カシミヤ

羊から刈り取った毛を羊毛という。有史以来世界のほとんどの地域で飼育され活用されてきた動物繊維のひとつ。現在、羊の種類は3,000種以上あり、メリノ、ロムニー、サフォークなど様々な羊毛が生まれている。

メリット

熱伝導率が低いため、冬は暖かく夏は涼しい。伸縮性に優れていて弾力性があるため型崩れもしにくい。水をはじきやすく、湿気をよく吸収する。

デメリット

他の繊維と比べて摩擦によって毛玉ができやすく、虫がつきやすい。水分の影響が出やすく、洗濯などで縮みやすく、フェルト状になってしまう。

用途

冬物衣類、手袋、靴下、毛布やラグマットなどに使われる。

絹 シルク

絹は、蚕の繭から取ったもので、古くから繊維の中で最も美しく、優れた繊維といわれている。1粒の繭から約1500mぐらいの糸が取れ、太さも髪の毛の約1/30と、天然繊維の中でもっとも細いとされている。

メリット

美しい光沢がある。ドレープ性が特徴で肌触りと風合いが良い。保温性・保湿性・撥水性に優れている。

デメリット

シミになりやすい。酸やアルカリに弱い。水に濡れると縮みやすい。汗、雨に弱く鮮やかな色ほど色落ちしやすい。熱に弱い。虫食いしやすい。

用途

衣料、ネクタイ、スカーフ、シュラフシーツなどに使われている。

レーヨン

フランス語では「光るもの」という意味を持ち、高価な絹を人工的に作り出すことを目的に生まれた再生繊維。紙と同じ木材パルプが主な原料で、木材に含まれているセルロースを取り出して加工し、糸にしている。

メリット

化学繊維の中では吸湿性・吸水性が良い。繊維の特性上消臭効果も持っている。また、染色しやすいため発色が良く、様々な色や柄を表現できる。熱や静電気にも強い。

デメリット

水に濡れるとシミやシワになりやすく、さらに強度が低下してしまう。また、洗濯で縮みやすく、取り扱いに注意が必要。摩擦などで毛羽立ちやすい。

用途

毛布やシーツなどの寝具やカーテン、下着や衣服などに使われている。

キュプラ

綿花の綿（コットン）の繊維として使われない部分である短い繊維部分（コットンリンター）を主原料として使った再生繊維。コットンリンターを一度熔解し、再び繊維状に再生して品質が高い繊維を作り出している。

メリット

吸湿性と放湿性に優れていて滑りも良く、静電気も発生しにくいため着心地がよい。光沢があり、自然にできる布のたるみが美しいひだを作り出すためドレープ感がある。

デメリット

洗濯機で洗うとシワになりやすく摩擦にも弱い。強く擦った部分が簡単に毛羽立つため、洗濯の際の取り扱いに注意が必要になる。

用途

衣服の裏地、シャツヤブラウス、ふろしきなどに使われている。

アセテート

木材パルプといった天然の原料から得られる成分を化学薬品で繊維状に加工したもの。化学繊維のひとつだが、天然繊維も使っているため半合成繊維という。化学薬品の割合を多くし、合成的性質を強めた繊維がトリアセテート。

メリット

絹のような光沢があり軽い。弾力性がありシワにもなりにくい。また、吸湿性、放湿性、保湿性がある。染色性がよく、プリーツ加工ができる。

デメリット

マニキュアや染み抜きなどのシンナー類や除光液がつくと溶ける。熱や摩擦などにも弱く、繊維自体の強度が弱い。また、アルカリ洗剤を使うと光沢が消失する。

用途

衣服、ネクタイ、スカーフ、カーテンやタバコのフィルターなどにも使われている。

アクリル

天然繊維のウールがもつ特徴を化学的に作り出すことを目標にして作られた、三大合成繊維の1つ。石油などから作られた素材を原料にしており、ウールと同等の用途で、現代でも便利な繊維として世界中で使われている。

メリット

羊毛に近い風合いがあり、ウールやポリエステルよりも軽く、シワになりにくい。また、保温性が高く、繊維自体はほとんど水を吸わない。カビや害虫にも強い。

デメリット

静電気が起きやすいため、ホコリをよせつけて汚れやすい。毛玉ができやすく、高温に弱い。吸水性がないため汗などでべたつきを感じやすい。

用途

セーターなどの冬物衣料、手袋、マフラー、エコたわしなどに使われている。

ポリウレタン

1960年代にドイツで開発された合成繊維。ゴムのように伸び縮みし、さらにゴムよりも老化しにくいという特徴を持つ。別称スパンデックスとも呼ばれている。また、ほかの素材を混ぜることで防音材や接着剤などにも活用されている。

メリット

伸縮性があり縦横の引っ張りに強く、衝撃強度も強いため使用用途が広い。また、繊維の中でも軽く、濡れた際も乾きやすい。ほかの繊維と比べてシワになりにくい。

デメリット

水や湿度、温度の変化に弱く、空気中の水分に反応して加水分解を起こす。熱に弱く高温で縮みやすく、さらに摩擦に弱い。紫外線にも弱く、変色、劣化がある。

用途

ジャージや水着などのストレッチ衣服、合成皮革などに使われている。

繊維の構造と生地の種類

糸、いわゆる繊維には2つの種類があります。それが長繊維と短繊維です。あまり馴染みのない言葉かもしれませんが、違いだけでも知識としておさえておきましょう。

長繊維と短繊維

　長繊維（＝フィラメント）とは、原料段階の繊維の長さを表す言葉です。字のとおり、長繊維とは、何もしない状態で長い繊維のことを指します。これだけでシンプルに糸になるものです。天然繊維でいえば、絹（シルク）だけが長繊維として分類できます。一方、短繊維（ステープル）は、長繊維の反対で、何もしない状態で長さが短い繊維のことを指します。英語ではステープルファイバーと呼ばれ、スパン糸とも言われています。短繊維だけでは長い糸にはならず、方向を揃えて紡績（糸を紡ぐこと）して重ねて撚りをかけることで糸になります。天然繊維では、綿（コットン）や羊毛（ウール）、麻（リネン）などが短繊維になります。

　天然繊維しかなかった時代は、綿、麻、羊毛、絹の4種が主な繊維でしたが、今ではたくさんの化学繊維があります。化学繊維は作る工程上、一旦はすべて長繊維で作られます。これを短く切断して短繊維にすることができるので、長繊維も短繊維もどちらも存在します。

　このほか、化学繊維ではいろいろな繊維の作り方があります。繊維の構造、編み方の構造で変わってきますし、さらに後から加工をしたりと、様々な構造・作り方で生地が作られています。

長繊維

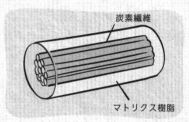

長繊維（＝フィラメント）とは、長く連続した繊維のこと。合成繊維では、ポリエステル100％のキングポリエステル、ナイロン100％のレジロン、モノカラーなどがこのタイプ。原料となる1本の長繊維はごく細いので、縫い糸にするには何本か束ねて適当な太さにして撚りをかけて安定させる。光沢があり美しく、なめらかで丈夫な特徴を持つ。

短繊維

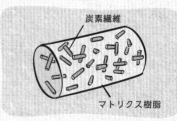

短繊維（＝ステープル）とは短い棒状の繊維のこと。合成繊維では、ポリエステル100％のキングスパンなどがこのタイプ。原料となる短繊維は通常38〜100mmの長さのため、縫い糸にするにはこれを何本か並べて、束ねながら長い糸状にしていく。これがいわゆる「紡ぎ＝紡績」。できた糸を2〜3本を束ねて太さを安定させて製品にしていく。

主な生地の種類

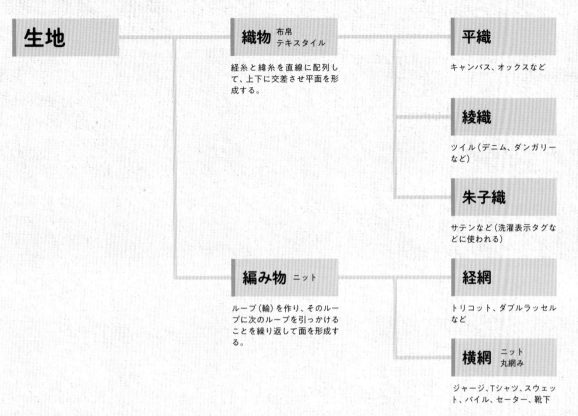

生地

織物 布帛 テキスタイル
経糸と緯糸を直線に配列して、上下に交差させ平面を形成する。

平織
キャンバス、オックスなど

綾織
ツイル（デニム、ダンガリーなど）

朱子織
サテンなど（洗濯表示タグなどに使われる）

編み物 ニット
ループ（輪）を作り、そのループに次のループを引っかけることを繰り返して面を形成する。

経編
トリコット、ダブルラッセルなど

横編 ニット 丸編み
ジャージ、Tシャツ、スウェット、パイル、セーター、靴下

生地の種類で機能も変わる

繊維の構造や、素材の種類、そしてこの組み合わせでファブリックが持つ機能性が大きく変わることは分かってきたと思います。さらに、織り方や編み方などの生地の種類によっても生地が持つ特性が大きく変わっていくことを知っておきましょう。

織物の種類

織物にも種類があり、大きく分けると「平織」「綾織」「朱子織」の3種類がある。平織は表裏がなく丈夫で、摩擦にも強い織り方。綾織は、ツイルとも呼ばれ、伸縮性があり、シワになりにくい特性がある。「朱子織」はサテンとも呼ばれ、表面が美しく、裏面は滑りが良い特性がある。

織物と編物

まずは、大きく分けて織物と編物がある。織物は、経糸（たていと）と緯糸（よこいと）を直線で交差させて生地にしていく。昔からある足で経糸を動かして、その間に手で緯糸を通して生地をつくる「はた織機」のイメージ。編物は、糸を輪にして、さらにその輪に新しい輪を通していき生地状にするもので一般的な、毛糸の編物のイメージ。

編物の種類

編物は、大きく分けると「経編（たてあみ）」「緯編（よこあみ）」の2種類ある。「経編」は、伸縮性がありつつ、形状変化が少なく、シワや折り目がつきにくい特性がある。「緯編」は、横方向にたいして特に伸縮性が高いのが特徴で、伸縮性が重視されるものに多く使われる。

PART1

BASIC KNOWLEDGE ABOUT FABRIC

アウトドアファブリックのベース素材を知ろう

先にも述べたとおり、三大合成繊維には「ナイロン」「ポリエステル」「アクリル」がある。中でも使用率の高い、ナイロンとポリエステルの基本的な特徴をしっかりと理解しておこう。

ナイロン

石油を主原料とする「ポリアミド」とよばれる合成樹脂から作られた繊維のことで、1930年代にアメリカのデュポン社によって開発された世界最初の化学繊維。もともとは、高級繊維のシルクの代替品として生まれたもので、シルクのいいところと難点をなくせるように開発された。

開発当初は女性用ストッキングとして人気を集め、その後世界中へ広まり、今では「＋α」の加工や合成技術を追加することで幅広い繊維を生み出すベースになっていった。

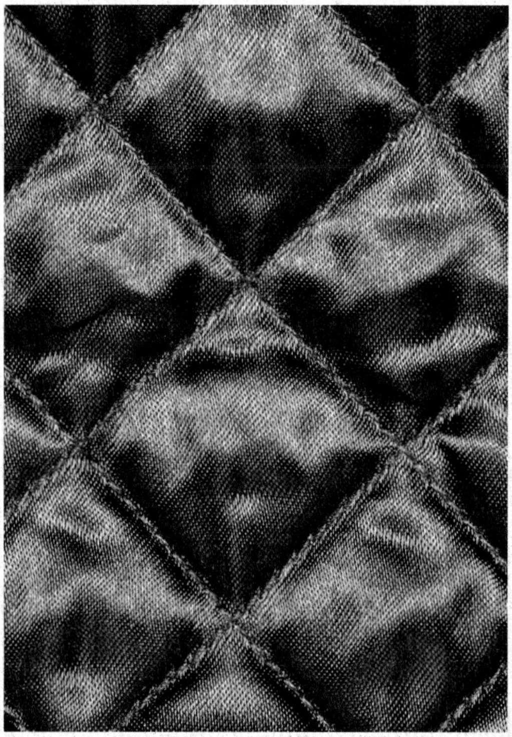

ナイロンの特徴

- シルクに似せた合成繊維なので肌触りがよい
- とても弾力性があり、摩擦に強い
- 吸湿性があり、肌着やストッキングなど肌に密着するものに使われることが多い
- シワになりにくく型崩れしにくい
- カビや害虫に強い

ナイロンのデメリット

- 日光により変色したり、劣化しやすい
- 熱に弱い
- 静電気が起きやすい

ポリエステル

石油から作られる素材の一種で、衣料品の多くは「ポリエステル繊維」が使われている。ポリエステル繊維には大きく分けて3種類あり、一般的なのは「PET」で、ペットボトルの原料としても有名。ポリエステルは、1941年にイギリスで天然繊維である羊毛を代替するものとして開発された。後にアメリカで「ダクロン」として、日本では「テトロン」という名称で特許や開発が進んでいった。

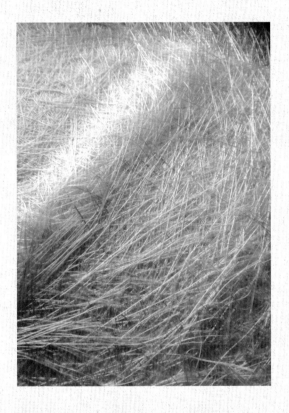

ポリエステルの特徴

● コットンに似せた合成繊維なのでコシがある
● 吸湿性が低いので早く乾く
● シワになりにくく型崩れしにくい
● 衝撃に強く高温にも耐えられる
● カビや害虫に強い
● リサイクルがしやすい

ポリエステルのデメリット

● 毛玉が出来やすい
● 吸湿性が低いので汗などの汚れが生地に残りやすい
● 静電気が起きやすい

防水生地の構造

防水生地といっても、様々な加工方法がある。大きく分けると「コーティング加工」と「ラミネート加工」の2つで、さらにラミネート加工はそのラミネート方法にも違いがある。

2層	表地の裏に防水素材を使用するため、防水素材がむき出しになる。ジャケットにするときは、さらに裏地をつける。
2.5層	2層同様、表地の裏に防水素材を施す。防水素材にプリントなどして、肌につきにくくなる加工を施してある。
3層	表地、防水素材、裏地の、3枚構造になっている生地。厳冬期まで使用可能なジャケット類は3層構造を使用している。

コーティング加工

生地面にドロっとした樹脂を塗り固める手法。ラミネート加工よりも安価に作れるが、薄くするのに限界があり、耐久性も劣る。

ラミネート加工

シート化したものを貼り合わせる手法。シートを先に作るので、強度の厚さを調整できる。またストレッチ性を持たせたりするなどシートで特徴が出せる。

アウトドアファブリック用語

アウトドアファブリックを紹介する前に、商品を選んだり、自作アイテムを作る際の素材選びをする上で、知っておくべき基本的な用語や特徴を紹介します。

撥水素材
water repellant material

生地の表面に水がついた場合に、水を玉状にしてはじいてくれる加工がされた素材のこと。そのため、たいがいのアウトドアウェア、テントなどの布物に対して撥水加工された素材が使われている。ただし、長時間にわたって雨にさらされたり、水がかかった場所から圧力が加わったりした場合は、撥水加工では防ぐことはできず染みてきてしまう。生分解素材※など、エコな素材なども生まれてきており、日々様々な考え方のもと新しい繊維が生まれている。

●撥水性のある素材 ▶ P66

※土に埋めるとバクテリアによって自然に還るまで分解される素材

防水加工
waterproofing

防水加工の手法には、大きく分けて生地面に粘度を持った樹脂を塗り固める「コーティング加工」とシート化した素材を生地に貼り付ける「ラミネート加工」の2種類ある。
コーティング加工はラミネートよりも安価につくれるが、薄くするのに限界があり、耐久性もラミネート加工に劣る特徴がある。
ラミネート加工は、コーティング加工よりも高価だが、シートで先に防水素材を作るので、強度や厚さを調整できたりストレッチ性を持たせることができる。

　アウトドアファブリックのことを知ろうと思うと、雑誌やウェブメディアなどで様々な特殊ワードが目の中に飛び込んできます。これらはなんとなくイメージは湧くけれども、ちゃんとは理解していない方も多いのではないでしょうか？

　ここでは、「いまさら聞きにくい」アウトドアファブリックを知る上で必要なワードを全て紹介していきます。これらをちゃんと理解するだけでも、ファブリックの選択方法が大きく変わることは間違いありません。

防水素材
waterproof material

撥水加工の場合はある程度の水を弾いてくれるが、完全に水を防いでくれる素材ではない。それに対して、生地内部に染み出てしまう水分もしっかり防ぐために加工された素材が防水素材。防水素材は、水を一切通さないかわりに空気も通さないため、ウェアにした場合にどうしてもウェア内に湿気がこもり、中が濡れてしまう。身近な防水素材のものとしては、ビニールやゴムのカッパなどがある。

●水を通さない素材 ▶ P86

防水透湿素材
waterproof and breathable material

水を防ぐことに特化した防水素材の最大の難点「蒸れ」の不快さを軽減した素材。防水性能は持ちつつも、人体など内部から発生する水蒸気や湿気を外に逃がす機能も持った素材。仕組みは、雨や水滴などよりも小さく、さらに水蒸気の分子より大きな穴が開いた特殊な被膜やフィルム（メンブレン）がその機能は果たしてくれるというもの。ただし、内側から発生した蒸気が外気などで「水滴」になってしまったら外に逃がすことはできない。

●防水透湿素材 ▶ P80

2レイヤー・
2.5レイヤー・
3レイヤー

layer

レイヤーは「層」のことで、ラミネート加工で生地に防水性を持たせる際の加工する層の違い。

2レイヤー（2層）

表地の裏に防水素材をラミネーするので防水素材がむき出しなる。そのため、ジャケットなどににするときは、裏地が付く。

2.5レイヤー（2.5層）

表地の裏に防水素材ラミネートするのは2レイヤーと同じだが、防水素材にプリントなどをして肌につきにくくする加工（これが0.5層扱い）がほどこしてある。主に1枚生地で使用する。

3レイヤー（3層）

表地、防水素材、裏地をサンドイッチにした状態で3層になっているのが特徴。耐久性と汗によるべたつきが少ないことが大きなメリット。

耐水圧

waterproof pressure

生地に染み込もうとする水の圧力を抑える性能を表した数値。その生地＝製品がどれくらいの水圧に対して耐えられる防水性を持っているかなどを判断する指標になっている。一般的な目安は左図のとおり。日常使いのナイロン傘の耐水圧はおおよそ250mmで、登山用のレインウェアの耐水圧は20,000mmと、アウトドアで使用するファブリックは、高い耐水圧が求められる。もちろん、ファブリック自体の耐水圧が高くても、その構造や使い方で水の浸入などはありえる。

耐水圧の目安

耐水圧	300mm	小雨に耐えられる
耐水圧	2,000mm	中雨に耐えられる
耐水圧	10,000mm	大雨に耐えられる
耐水圧	20,000mm	嵐に耐えられる

シームシーリング・目止め
seam sealing

どんなに高性能な防水、防水透湿素材でも、一般的にはウェアやバックパック、テントなどをつくるとミシンの針穴ができてしまう。縫い目がそのままだとそこから水が染み込んでしまうため、それを防ぐためにテープ状やボンド状のものをつけるシームシーリング加工、目止め加工をおこなう。

デニール
denier

「40デニール○○○ナイロンを使ったレインジャケット」「210デニール○○○ナイロンのバックパック」など、デニール（Dと表記されることもある）という言葉は布を使ったアウトドア製品には欠かせない単位。

布の厚さの単位と勘違いされがちだが、実際は糸の太さを表す単位で、9000メートルの糸の質量を、グラムで表したものが「デニール値」と決められている。例えば、9000メートルの糸が20グラムなら、20デニールとなり、数値が大きくなればなるほど糸が太くなる。単位は糸の太さだが、最終的に布の厚さ、重さに影響する。

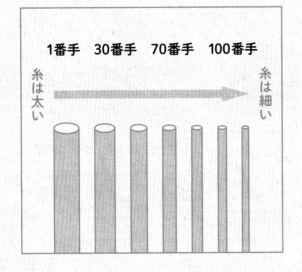

番手
yarn count

デニール同様、糸の太さを表わす単位で、一定の重量に対して長さがどのくらいあるかで表す。番手には、綿番手、毛番手、麻番手などがあり、デニールとは逆に、数字が大きいほど糸の太さは細くなる。アウトドアでよく使われる綿番手の場合は、1ポンド（約453ｇ）の重さで840ヤード（約768ｍ）の長さが1番手になる。ちなみに、10綿番手が、おおよそ531デニールとなる。

タフタ
taffetas

タフタは平織で織られたファブリックで、織りの際の密度によって強度が変わる。タフタの「T」は、平織ナイロンを編む際の密度の単位で、1平方インチ（1インチ＝2.54cm）あたりに経糸、緯糸を合わせた繊維の本数を示している。つまり、200Tなら1平方インチあたり190本の繊維が織り込まれているということになる。高密度で織られたものは防風性に優れ、密度を緩めたものは空気の抜けが良くなる。

ポリウレタン
polyurethane

ゴムのように伸びる化学繊維。特徴は、ゴムよりも劣化しにくく、引いたときの強度も高いため、伸縮性や柔らかさが求められるウェアの素材として重宝されている。ポリウレタンは、素材単独で使われることはあまりなく、ナイロンやポリエステルなど他の繊維と組み合わせて使用され、生地の"伸び"などに活用される。ただ、水分、日光、紫外線、熱、汗などの影響を受けて徐々に劣化していく経年劣化がある。

オックスフォード
oxford

オックスフォードは、経糸と緯糸を2本ずつそろえて平織にした生地のこと。別名では「斜子織」ともいう。通常は1本の糸で平織するところを、2本または複数で織るため丈夫な生地になる。そのため、オックスフォードはタフタに比べて引き裂き強度や耐久性が強いという特徴がある。アウトドアファブリックでいうと、レインウェアやスパッツ、テントのフロア素材などに使われている。

加水分解
hydrolyzation

加水分解とは、水分に弱い性質を持つポリウレタンやEVA（エチレン・酢酸ビニル共重合樹脂）などの素材が水と反応して分解を起こす現象のことで、実際には素材がベタベタになってしまったり、ボロボロになってしまう。主にポリウレタン加工などをしたアウトドアウェアやテント、EVAを使ったシューズのソールなどによく起きる現象で、空気中の水分だけでも保管方法によっては起きてしまう。

シリコン
silicone

シリコンは、高温や低温に強く、水を弾くなどの特性を持った素材で、アウトドアファブリックだけではなく、半導体から衣料品、その他日用品にまで幅広く使われている。今ではなくてはならない素材だが、生分解（土に埋めるとバクテリアによって自然に還ること）されないといったデメリットがある。また、リサイクルには特別な方法が必要なため、通常のゴミとして捨てられることが多いのが現状だ。

ポリウレタンコーティング
polyurethane coating

テント生地やバックパックの裏側の少しベタっと感じる面などがこれ。ポリウレタン素材でコーティングされることで、防水性が上がる。PUと表記されることも多く、最もスタンダードな防水性を上げるためのコーティング方法。左記の加水分解という現象で、使っていなくてもコーティングが劣化し、ときには臭いを発する。加水分解は高湿度や摩擦などによって進行が早まるため、保管、手入れ方法には注意が必要。

シリコンコーティング
silicone coating

主にナイロン生地にコーティングされ、シリコンを繊維に染み込ませているので、ポリウレタンコーティングよりも防水性が高く、生地自体の強度も高くなる。シリコン素材自体が一般的にポリウレタンコーティングよりも価格は高いが、シリコンコーティングをすると生地が滑りやすくなる特性も持ってしまう。ポリウレタン同様に加水分解は起きる。

リップストップ加工
rip-stop

ナイロンやコットンなどの生地に、格子状(マス目状)にナイロン繊維が縫い込まれた生地のこと。見た目にも格子状の模様がある。ナイロン繊維は丈夫なため、生地が裂けても縫い込まれた格子状のナイロン繊維がそれ以上裂けが広がるのをとめてくれる役割を持っている。例えば、同じナイロン生地でもリップストップ加工がされている方が強度が増すため、様々な製品に使われている。

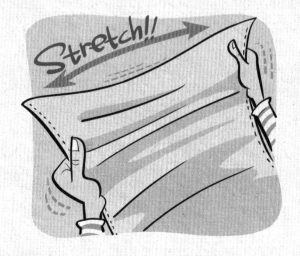

ストレッチ素材
stretch

ストレッチ素材の特徴は、伸び縮みする能力である「伸縮性」と、生地に力を加えて変形した後、元に戻る力の「弾性回復性」の2つがある。ストレッチ素材の代表とも言えるのがポリウレタン弾性繊維(スパンデックス)。下着などにもよく使われていて、アウトドア用品としては、アウターやインナー、場合によってはバックパックなどにも使われている。

接触冷感
cool contact feeling

触るとヒンヤリと冷たく感じる生地のこと。「繊維中に水分を多く含む」「熱伝導率・熱拡散率が高い」ことなどが影響していることが多い。しかし、生地が水分を素早く吸収・拡散して気化熱を奪うといった性質のものもある。化学繊維ではレーヨンやキュプラなどが接触冷感の性質を持っている。

吸汗速乾
sweat absorption & quick dry

汗を素早く吸収して乾かす、毛細管現象を利用した素材のこと。ウェアの内側を常にドライで快適な状態に保ってくれるため、主に肌に直接触れるベースレイヤーに用いられ、運動後の汗冷えを防止する効果もある。最近では、この吸汗速乾機能に加えてUVカットや汗の防臭効果を加えた多機能な素材も登場している。

難燃性繊維
flame-retardant fiber

繊維は通常燃えてしまうが、熱によって不燃性のガスを出す難燃性の物質を混合して繊維にしている素材。もともとコットン自体は番手が小さければ小さいほど火の粉程度は受け付けず、大きく燃え広がることはない。これと同様の性質を化学繊維に持たせた繊維と考えるとわかりやすいだろう。この他に難燃剤を付着させた生地もある。

リサイクル素材
recycled material

ファブリックからファブリックへ、ペットボトルからファブリックへといったように、主にポリエステルをベースとしてリサイクルされた素材。最近では、リサイクル素材で作られた生地にも、最終的には土に還るように開発されたものもある。アウトドアで使われる生地は、機能低下をなるべく低減するように開発されているが、だからと言って地球汚染に目を向けていないわけではない。

UL（ウルトラライト）
ultra light

アメリカ発祥の、ロングトレイルを歩くために可能な限り装備を軽くしようという考えから生まれた山行スタイル。できるだけ軽いギアやウェアを選び、さらに必要最小限の荷物を背負うことで、体力の消耗が抑えられてより早く、より遠くへ行けるという考え方がある。ただし、軽くするとそれだけ機能を最低限に絞り、さらに強度も下がる場合もある。荷物を減らした分、技術と知識で補う必要性も出てくる。

ヘビーデューティー
heavy duty

これは、「丈夫な、酷使に耐える」といった意味を持つ。厳しいアウトドア環境下で、酷使に耐える丈夫さを持っている道具や服のことをさす。だいたいの物は軽さよりも丈夫さを、小型化よりも使いやすさ（大きさは問わない）などがメインに考えられていることが多い。生地においては、使用する環境もブッシュクラフトのような野趣あるスタイルや、焚き火、狩猟といったワイルドなアウトドアに向いている傾向が多い。

PART2

DEMO EXPERIMENT & MATERIAL CATALOG

アウトドアファブリック
実証実験&パーツ図鑑

数多くあるアウトドアファブリックの、生地として入手可能なものを実際に購入し、撥水性や耐摩耗性など、アウトドア環境での使用にどれほど適しているのか、独自の方法で実証実験しました。これらの結果を基に、登山用具やキャンプ用品を購入する際の参考にしてみてください。また、ファブリック製品に欠かせない数あるパーツも紹介しています。

※一部、生地として購入できないものもあります。

アウトドアファブリックの検証方法

アウトドアファブリックは「とにかく強い」という印象があるが、実際に
どのくらい強いのかは実は分からない。本書では、個人で購入可能なファ
ブリックに独自にさまざまな実験を施して検証してみた。

実験から見える素材の選び方

今回の実験項目は、アウトドアファブリックに求められる4大要素の「引裂強度」「撥水・防水機能」「耐熱性（燃え広がり、溶け具合）」「擦り切れ強度」の4項目と、自作の際にかかせない「生地の扱いやすさ」の1項目を独自の方法で調査した。

引裂強度は、ちょっと切れ目ができてからどのくらい引き裂きに耐えてくれるかというもの。撥水・防水機能は、水に対する耐性を新品の状態での能力調査。耐熱性は、焚き火などを想定して熱に対する強さを調査。そして擦り切れ強度は、岩などに擦れた場合をイメージした強度調査を行った。生地の扱いやすさは実際に生地を使ってものづくりをした際の印象や、二種類の針を刺した際の跡の残り方などで調査をしている。

独自の基準で行ったが、これを通してそれぞれが持つ機能上の能力を見ることができる。ただし、アウトドアファブリックは全てにおいてオールマイティーではない。驚くほどの軽さや肌触り、ストレッチ性など、その他の要素とのバランスが大切だ。

つまり、単に「強靭」といっても、もともとの生地の厚さや重さが違うので一概に比べるのは難しいということになる。この実験結果を活用して、特化型がいいのかバランス型がよいのか、自分の好みで生地選びをしてみて欲しい。

引裂強度

実際の使用を想定して、ファブリックが少し切れている状態からの引裂強度を検証。一定のサイズの布を、同じ場所に同じサイズで切り込みを入れてラゲッジチェッカーで負荷をかけた。引き裂けた際のおおよその重さを計測している。

携帯式で吊り下げ式のラゲッジチェッカー。フックに引き裂きを引っ掛け、引っ張って荷重をかける。

検証方法

15cm四方の布の中央に7.5cmの切り込みを入れ、ラゲッジチェッカーで荷重をかけて引き裂いた際のおおよその重さを計測。

撥水、防水機能

新品の状態で、撥水加工や防水加工がされているものと、もともと加工がされていないもの両方の撥水、防水機能をテスト。実際は使用状況によって撥水性は下がるが、もともと持っている能力を確認した。

検証方法

15cm四方の布に20mlの水をかけて、10分間放置した際の水の浸透度を確認。※下の鍋は水受け。

実験などに用いる三脚台に、布をピンチで固定して水を張る。

耐熱（燃え広がり方、溶け方）

キャンプブームの昨今、耐熱性が注目されている。今回は、焚き火やシングルバーナーの使用時などをイメージして、どのくらいの耐熱性があるのか、もともと耐熱性がないものはどのくらいで焼けたり溶けたりするのかを実験した。

検証方法

15cm四方の布を実験用の三脚台（20cm）にピンチで固定し、12cmのロウソクに火をつけて1分後の生地の変化を確認。

ロウソクはひとつの生地に対して新規で1本用いる。

擦り切れ強度

岩場や樹皮などにファブリックが擦れたときを想定して、実際にどのくらいの強度があるのかを実験。1kgの鉛の重り（インゴット）に目が粗い紙ヤスリ（40番）を巻き、一定のスピードでスライドさせながら生地にダメージを与えてみた。

検証方法

1kgの重さがかかった紙ヤスリを、それ以上の重さがかからないように一定の長さで往復しながら擦り切れ具合を確認。

鉛のインゴットは、角が当たらないように使用。

生地の扱いやすさ

アウトドアファブリックを使って自作したときを想定して、折り作業、カット、縫製など実際の扱いやすさを調査した。特に、ファブリックへの針通りや針穴の跡などは完成度に大きく関わるので細かく実験をした。

検証方法

家庭用ミシン針の「細い針（=薄地用 ♯9）」「太い針（=厚地用 ♯16）」の2本の針を刺して検証。検証結果は、「A=針穴が分からない」「B=光に照らすと少し分かる」「C=目視できる」の3段階でチェックした。

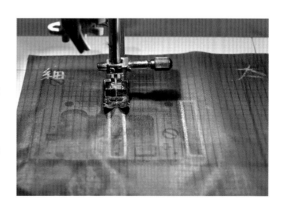

ポリエステルとコットンのハイブリッド
T/C ポリコットン

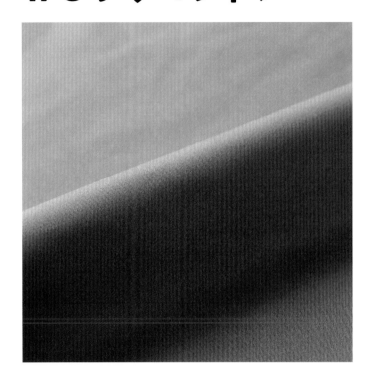

生地特徴

アウトドア用としての特徴は、ポリエステルの丈夫さと軽さ、コットンの風合いと熱への強さがあげられる（難燃・防炎ではない）。ただし、両生地のデメリットもあり、ナイロン素材などと比べると重く、そして保湿性が高いため保管状態によってはカビてしまう。

主な用途

一般的には寝具やソファーなど多くに使われている。キャンプ用では、テントやタープを主としてエプロンや焚き火用の風防など耐熱、風合いなどの目的で使われる。

機能性だけでなく
風合いのよさが人気

T/Cとは、東レと帝人が製造するポリエステルである「テトロン」と「コットン」の頭文字をとった名称のこと。同様の生地を「ポリエステル」と「コットン」でポリコットンとも呼ぶ。ポリエステルの利点である乾きやすい、丈夫、シワになりにくいという機能と、通気性、吸湿性や風合いのよさがあるコットンの混紡素材。ポリエステルとコットンの配合率は製造メーカーや用途によって大きく異なるが、一般的に販売されている生地はポリエステル65％、綿35％が多い。アウトドアでいうと、比較的熱に強いコットンと、軽さのポリエステルのハイブリッド素材という側面も持つ。

T/Cの質感は、ほとんどコットンのような風合いで、化学繊維感がほとんどない。通常の帆布（コットン）との大きな違いは、同じ厚さで比べた場合表面が細かい。

T/C ポリコットンの種類

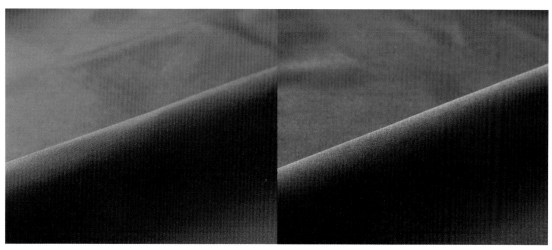

カラーバリエーションと用途

大型の布販売店でT/Cファブリックを探すと様々なタイプが売られている。特にカラーバリエーションは豊富で、白、青、赤の他に、ナチュラルカラーを含め15色以上販売されている。アウトドア用途にも使いやすい色も多数あり、写真のようなアースカラー系3色は、ファブリックが持つ「熱への強さ」「帆布よりも水に強い」といった特性を活かして、テントやタープ、エプロンなどにも使いやすい。

T/C ポリコットンの使用上の注意

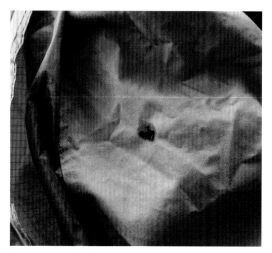

しっかり乾燥させること

素材にコットンが使われているため、湿気によってカビが生える可能性が高い。一度生えたカビは跡がずっと残ってしまうので注意が必要だ。そのため、使用後は毎回完全乾燥がマストになる。保管の際も湿気に注意。

難燃・防炎素材ではない！

熱に比較的強いファブリックだが、あくまでも「強い」のであって、難燃や防炎素材ではないことを理解しておこう。つまり、T/Cが使われているからといって、決してタープ下で焚き火をしていいわけではない。

T/C　ポリコットンの実証実験

引裂強度

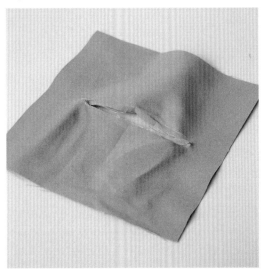

2kg程度の加重で裂け始め、3kgの加重をかけるとさらに裂け進んでいった。切れ目がない場合の初期強度は非常に高いが、切れ目が入ると弱い傾向がある。タープなど、切れ目が入った場合は早めのリペアが必要。

撥水・防水機能

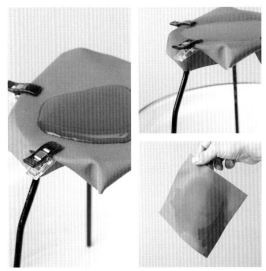

撥水加工がされていないT/Cでの実験は、始めの2～3分で染みになりはじめる。10分後には裏側にも濡れ染みが出る。しかし、コットンの繊維が水分で膨張することで生地自体は濡れるが水滴までは時間がかかった。

耐熱性

コットンの力もあり、始めの1分は変化がなかった。その後30秒程度で少し表面が溶けたような状態になった。ファブリックとしての耐熱性としては十分にあると思われる。

擦り切れ強度

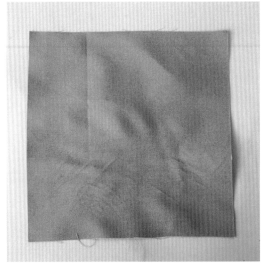

10回程度では反応がないに等しい状態で、20回まで進めてもほとんど無傷の状態。写真は40回行った状態で、少し繊維が毛羽立ってきた。ファブリック自体の重さはあるが、非常に強い。

生地の扱いやすさ／針穴の残り具合

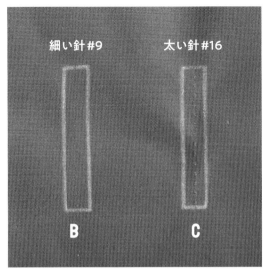

細い針#9   太い針#16

B   C

細い針のほうは少し跡が残る程度で、太い針のほうは、針穴はないものの針跡がしっかりと残る。通常、強度を確保するために糸も針も太いものを使うことが多いため、縫い間違いがないように注意。

生地の厚さはあるものの、低温のアイロンをかけても生地自体に大きなダメージはないため折り目がつけやすい。また、針の入りも良いため縫い作業も進めやすい。ただし、生地を重ねた際はミシンにパワーが必要。

T/C　ポリコットンの使用商品例

サーカスTC （テンマクデザイン）

T/Cの通気性、遮光性、耐熱性を活かしたテント。生地の特性上、ナイロンよりも結露しにくいためオールシーズンで使用することができる。

陣幕 （テンマクデザイン）

風を遮る風防や、スペースの区切り、プライベート確保用に役立つアイテム。焚き火の際に風を大きく受けて火の粉が余計に舞い散るのを防いでくれる。

高強度ナイロンファブリック
コーデュラ®ナイロン

生地特徴

ポリウレタン加工がされているため、30Dなど薄い生地は光沢があり500Dオーバーの厚い生地は裏面に加工されているため表面はマッドなイメージがある。ポリウレタン加工の特性上、加水分解の可能性があるので保管などには注意が必要になる。

主な用途

強度と信頼から軍用のバックパックやワークウェアに使われている。また、アウトドア用のバックパック、小物類の他にタウン用ウェアやシューズなど幅広く使われている。

強度が高いのに軽く
撥水性もある生地

コーデュラ®ナイロンという名称に入っている「CORDURA（コーデュラ）®」とは、インビスタ社の登録商標で、インビスタ社が認定したパートナーが製造販売している素材。実際には「CORDURA® FABRIC」といって16種類ある。その中でも様々な物に使われている代表的なものは「CORDURA® CLASSIC」といい、一般的なナイロンとの大きな違いは「強度」「撥水性」「軽量性」の3つある。強度は生地の厚さを問わず、ナイロンの5倍もあり耐久性に優れている。生地だけの購入も可能だが、コーデュラブランド製品として証明されているものは「CORDURA® fabric」のタグが付けられている。

厚手のタイプは、片面にポリウレタンコーティングがされているため裏表がある。薄手のタイプはシリコンコーティングが多く、両面同じような質感になっている。

コーデュラ®ナイロンが使われている製品には、高強度などの機能を証明するためのオフィシャルのライセンスタグが取り付けられている。

コーデュラ® ナイロンの種類

コーデュラ®クラシック
CORDURA® CLASSIC

コーデュラナイロンのなかでも一番ポピュラーな素材。INVISTAナイロン6,6繊維が使われているため、長持ちして、耐久性があり世界で最も過酷な環境でその能力が証明されている。素材感は少し毛羽感があって、ツルツルな表情をしていないためナチュラルなテクスチャーに見える。また、光沢が抑えられているため様々なものに使いやすい。このファブリックは、330D、500D、700D、100Dと様々なサイズがある。主な使用用途は、バックパックやビジネスバッグなどのバッグ類で、ワークウェアの補強などにも使われている。

コーデュラ®ナイコ
CORDURA® NYCO

CORDURA® NYCOの「NYCO」は、ナイロン（nylon）の「NY」とコットン（cotton）の「CO」を組み合わせた名前。コーデュラクラシックのように独自の糸単独でファブリックにしたものではなく、コットンを混ぜている。構造的には綿の状態のコーデュラと、綿の状態のコットンを混紡して生地にしたもの。この加工によってコットンの風合いと快適性を持ちながらもコーデュラが持つ耐久性を持ったハイブリッドな生地。コットンの着心地に耐久性があるため、ミリタリーウェアとして使われることが多い。

コーデュラ®コンバットウール
CORDURA® COMBAT WOOL™

CORDURA® NYCOと同様に、コーデュラナイロン単独ではなく、INVISTAナイロン6,6繊維にウールを混紡したファブリック。そのため、「耐摩耗性」「快適性」「軽量さと強度のバランス」「引裂強度」「ウール感」といった特徴を持つ。ウール単体の素材と比べたときに高い性能を持ちながらも、ウールの特性も持ち合わせているのが最大の特徴。特に、通常のウールと比べて10倍以上の耐摩耗性がありつつも、ウールの含有率が高いため通常のコーデュラナイロンと比べて快適性が共存しているのが大きな特徴。スーツなどにも使われている。

コーデュラ®デニム
CORDURA® DENIM

CORDURA® NYCOやCORDURA® COMBAT WOOL™と同様に、コーデュラナイロン単独ではなく、INVISTA T420ナイロン6,6ステープルファイバーとコットンのハイブリッド素材を使用している。これによって、通常のデニムのコットンと比べて「耐摩耗性」「靭性」が強化されている。耐久性は通常のコットンよりも3倍以上ありつつも、見た目や肌触りなどもデニム感がしっかりとある。生地の特性を活かし、用途はデニムと同様に、より強いワークウェアとして多く活用されている。

コーデュラ®ナチュラレ
CORDURA® NATURALLE™

他のコーデュラシリーズと同様に、コーデュラナイロン単独ではなく、INVISTAナイロン6,6繊維に綿を混紡したファブリック。特殊なハイブリッド素材になったことで、通常の綿と比べて「軽量性」「耐摩耗性」「耐引裂性」「重量比に対する引張強度」などが大幅に向上されている。また、さらにラミネートや追加機能によって、ストレッチ性や撥水機能も付加することができる。素材感はコットンに似ているため、通所のナイロン素材と比べて光沢がなく、肌触りもコットンに近いためアウトドアアパレルなどに多く利用されている。

コーデュラ®バリスティック
CORDURA® BALLSTICK

一般的に呼ばれているバリスティックナイロンという名は通称で、実際は「CORDURA Ballistic®（コーデュラバリスティック）」という。CORDURA Ballistic®自体はブランド名ではなく、CORDURA®を使った織り方の名称。由来は、第二次世界大戦中に遡る。CORDURA®の原型である「6,6ナイロン」をさらに高強度にするために2本の糸を特殊な方法で撚って高密度で織り上げたものを防弾チョッキとして使用したことから「バリスティック＝弾道」と呼ばれた。「CORDURA®」の中でも最強クラスといわれている。

コーデュラ®ナイロン実証実験

引裂強度

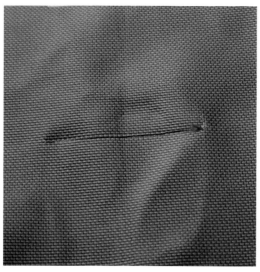

10kgまでの負荷をかけても始めに入れた切り込みからほぼ変化がないという、コーデュラ®ナイロンの強靭さがわかる結果となった。唯一変化しているといえば、切り込みの端部分が少し伸びた程度。

撥水・防水機能

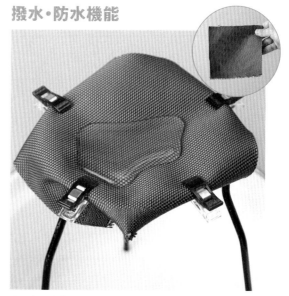

もともと付加されている撥水加工がしっかりと効いているため、5分経過後、そして10分経過後ともに変化が無かった。表面が削れるなどの劣化がある場合は撥水機能に大きな変化があると思うが、良い結果となった。

耐熱性

ナイロンベースの素材のため、素材の厚みがあるもので実験を行ったものの1分程度で熱が強く当たっている部分は生地色が濃くなり、ナイロンが溶けて硬化した。継続後は、ナイロンが溶けて穴が開いた。

擦り切れ強度

「強い」が特徴のファブリックだけあり、5回では変化がない。10回でも大きな変化がなく、20回行った時点で表面が毛羽立ち始めた。新品の紙ヤスリを使用したが、紙ヤスリにもへたりが見られる程強靭なファブリック。

生地の扱いやすさ／針穴の残り具合

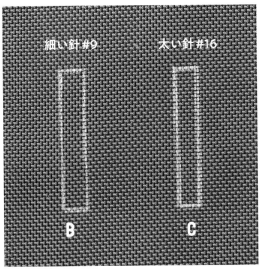

細い針#9　　太い針#16

B　　　　　C

細い針の針穴は、光に照らすと分かる程度でほとんど気にならない。太い針の針穴は、見た目ではっきりと分かる程度の穴が開いた。加工の際は、縫い間違いなどには注意が必要。

基本はナイロンなので、折り癖が付けにくい。そのため10mm弱で2回折りをして縫う場合などは縫いにくい。もしも低温アイロンをかける際は当て布をしてナイロン自体が溶けないように注意。

コーデュラ®ナイロンの使用商品例

AIR ZIPSACK（グラナイトギア）

30Dのシルナイロンコーデュラ®というコーデュラファブリックが使われている。非常に軽量で丈夫で、そして防水機能があるスタッフサック。

ウォレット

ポケットへの出し入れなど、常に摩擦や荷重がかかる財布にもコーデュラ®ナイロンは非常に有効でよく使われている。使われているのは、厚手のファブリックが多い。

ヨットの帆として生まれた強靭素材
セールクロス

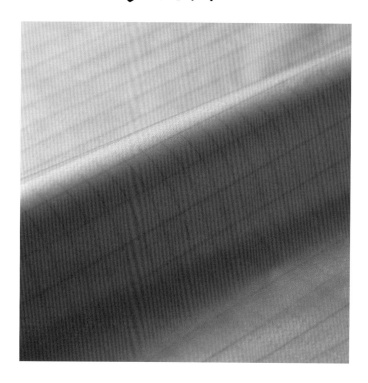

生地特徴

ヨットの帆として生まれたファブリックなので、発色が良くカラーバリエーションが多い。また、とても丈夫で伸縮性がなく、UVプロテクション性能が高い。ただ、通常のポリエステルやナイロン同様に熱には弱く、溶け（燃え）広がってしまう。

主な用途

ヨットの帆やスポーツカイトなどの、風を受けるスポーツ用品への使用がメイン。アウトドアではサコッシュや財布など発色を活かした製品に多く使われている。

風を一切通さず
UVプロテクションも

セールクロスは、ヨットの帆（sail=セール/セイル）のためにつくられたファブリックの総称。アメリカの「チャレンジセールクロス社」や「ベインブリッジ社」、ドイツの「ディメンションポリアント社」など、世界の様々な企業が生産していて、メーカーにより様々な特徴、付加価値を持った素材がある。共通する性能は、風を通さず、強度が高く、UVダメージへの強さがあり、それらの技術を活用して、X-PACなどアウトドアでも活躍する素材が生まれている。ちなみに帝人フロンティアのパワーリップ®は、強度が高いリップストップファブリックで、業界内でも定評がある。

セールクロスは、着色しやすく非常に発色が良い特徴を持っている。そのため、きれいな発色のカラーバリエーションが豊富。たとえば、スポーツカイトなどの奇抜な色の組み合わせでナイロン系ものづくりを楽しむことができる。

セールクロスの実証実験

引裂強度

1.5kg程度の負荷をかけた時点でビリビリと破け始める。さらに負荷をかけると裂けた。ヨットの帆などに使われる位なので、切れ目がない状態であれば非常に強靭だが、切れ目が一度入ると弱い印象がある。

撥水・防水機能

撥水機能は良く、始めの5分の状態ではまったく変化がなく、その後10分経っても変化が見られなかった。表面にダメージを受けない限りは非常に高い撥水性能を持っている。

耐熱性

ローソクに火をつけてすぐに熱が当たっている部分の色が変わり、40秒でファブリックが完全に溶けて穴が開き始めた。そのまま1分待つと、穴はさらに大きく開き始める。

擦り切れ強度

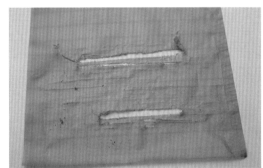

スタート時点で非常に摩擦を感じ、5回擦った時点で写真のような状態になる。もともとの用途が「風を受けても強い素材」といった用途で開発されているため、摩擦には非常に弱かった。

生地の扱いやすさ／針穴の残り具合

張り感がある生地だからか、細い針も太い針も針穴はしっかりと残ってしまった。縫い間違いには注意。生地の扱いとしては、折り目は付けにくいが伸びもなく、カットもしやすいため加工も縫いも非常にやりやすい。

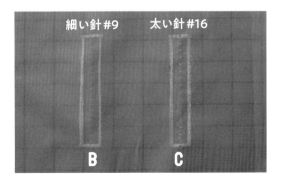

細い針#9 　太い針#16

45

北欧生まれの耐久性ファブリック
G-1000

生地特徴

開発当時の基本性能を持った「G-1000 Original」、軽量化と涼しさの「G-1000 Lite」、温暖な気候下に適した「G-1000 Air」、素材が擦れても音が出にくい「G-1000 Silent」、強靭さを一番強化した「G-1000 Heavy Duty」の他、8種類のタイプがあり、用途に合わせて使われている。

主な用途

フェールラーベンのみでも、主にジャケット、パンツ、バックパック、キャップなどに使われている。また、用途に合わせて5種類の素材を使い分けている。

ワックスの効果で
6つの特性を持ち合わせる

G-1000は、1960年に設立されたスウェーデンのアウトドアブランド「フェールラーベン」のファブリック。荒れ狂う過酷な自然環境であるグリーンランドでの1000キロ走破から生まれた素材で、ポリエステル65%とコットン35%を高密度に織り上げた生地に、特別な配合で作られたグリーンランドワックスを含浸させることで「耐久性」「撥水性」「防風性」「通気性」「UVプロテクション」「蚊などの虫からの保護（シリーズ内一部の素材は適応されていない）」の6つの特性を持つ。特に耐久性が高く、世代を超えて使い続けることができる。生地自体は独特な風合いがあり、オイル感はあまり感じない。

G-1000を使ったフェールラーベンのパンツは、ファブリックの性能を最大限に引き出した作りになっている。そのため、耐久性、撥水性、防風性や虫からの保護などの機能を持っており、最高のフィールドパンツに仕上がっている。

G-1000 の実証実験

撥水・防水機能

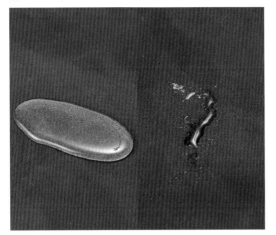

製品自体はワックス加工がされており、同じくワックス加工されたファブリックで実験を行った。水を入れて5分はあまり変化がなかったが、10分近くなると、少しずつ水が染み込み始めていった。

生地の扱いやすさ／針穴の残り具合

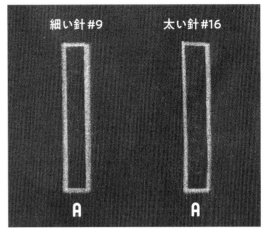

細い針の針穴は若干見た目で分かるが、ほとんど目立たない程度だった。太い針の針穴は、目視ですぐ分かる。ファブリックの特性上、ワックス加工をすれば防水効果が復活するためこの程度では影響は少ないだろう。

G-1000 のメンテナンス

G-1000のファブリックのメンテナンスには、「Greenland Wax」という撥水性、防風性、寿命、耐性を向上させるオリジナルのワックスを使用する。環境に優しい素材が使われているのも特徴。

① ワックスを塗る

素材の表面をシワができないように広げ、均等にワックスを塗っていく。フードや肩、膝などは2回以上塗ると効果が高い。塗りすぎると跡が残るが、気にしないでOK。

② ワックスを染み込ませる

ワックスは40〜50度で溶けるので、ドライヤーもアイロンも低温で作業をする。塗りすぎたと思うような場所も、しっかりとファブリックに馴染んでくれる。

③ 防水能力の確認

ワックス加工後のファブリックに水を垂らすと、しっかりと弾いてくれた。作業は手間だが、この加工をすることでファブリックの能力が上がるし、何より愛着が湧くのがいい。

裂けてからが強いナイロン

リップストップナイロン

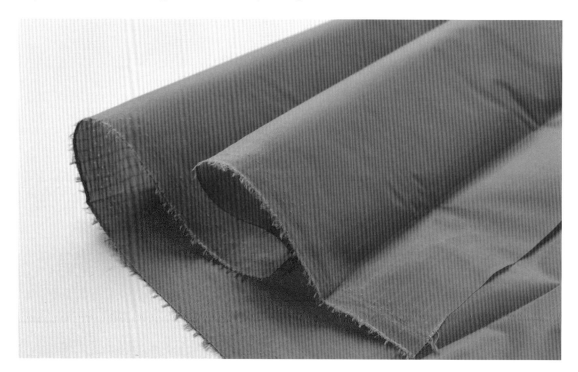

強度の高いナイロン繊維

リップストップナイロンの「リップストップ」とは、「rip（裂ける）」と「stop（止める）」で「裂け止め」つまり裂け防止機能を持つという特徴がある。ナイロンやコットン、ポリエステルなどの生地をベースに、格子状にナイロン繊維が縫い込まれた加工がされている生地のことをいい、ナイロン生地がベースになるとリップストップナイロンとなる。特徴は、強度や摩耗に強いナイロン繊維が縫い込まれているため通常の生地よりも強度が上がり、そして避けてしまっても格子状の加工がそれ以上の進行を防いでくれる効果がある（※もちろん一定以上に力が加わると避けてしまうので注意）。

生地特徴

生地にリップストップ加工の格子状の模様があるため、ひと目で「リップストップ」ということが分かる。また、その加工のおかげで摩擦や切れた後の切れ広がりに強い特徴がある。そのおかげで、フィールドで破損した場合も使用限界まで時間が稼げる。

主な用途

過酷な条件で使用されるため、アウトドア用のバックパックやウェア、小物類やテントに使われる。特に軽量化と丈夫さの両立を求めるものに多く使われる。

リップストップナイロンの種類

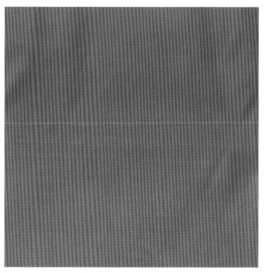

カラーバリエーションと用途

リップストップナイロンは、ナイロンの特性上カラーバリエーションが多く、大型の布販売店に行くと数十種類の色が販売されている。ネットショップでも購入可能だが、実際の色味と違う場合があるので注意が必要。単色でものづくりをしてもいいが、撥水加工がないものなどは生地単価が安いものもあるので、青と水色など同系色で色違いを使ったり、黒と赤などの奇抜な組み合わせを楽しめるのも魅力。

「リップストップ加工」は、写真のように格子状の模様が入っているのが特徴。この格子模様が強度を出しているのだが、それ以外にもファブリックとしての表情の面白さも出している。また、この格子状の模様のおかげで生地のカットもしやすい。通常は生地が伸びたりしてまっすぐ切りにくいナイロンだが、模様に合わせることで直線、直角、さらには45度の角度が出しやすい。

リップストップナイロンの実証実験

引裂強度

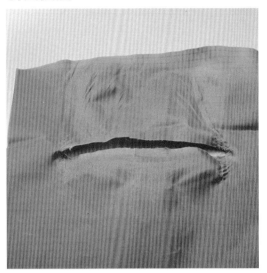

3kgの負荷でも変わりはなく、8kgの負荷をかけた状態で写真のようになった。ファブリック自体は切れなかったが伸びた状態に。「リップストップ」たる所以の加工のおかげで、生地が薄いのに非常に強い印象があった。

撥水・防水機能

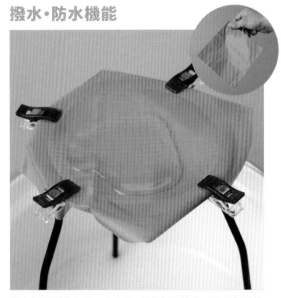

撥水加工がされているため、5分経過後も、10分経過後も、入れた水にもファブリック自体にも変化がまったくなかった。新品の状態では多少の雨なら水滴を弾いてくれる印象がある。

耐熱性

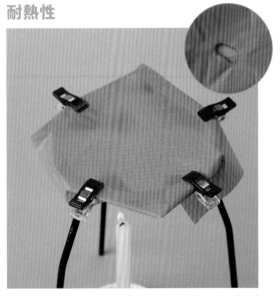

ローソクに火をつけて10秒ほどでファブリックが黒ずみ少しずつ溶け始め、20秒程度で穴が開き始めた。30秒経つと右上の写真のようにファブリックは完全に穴が開いた状態になる。

擦り切れ強度

負荷実験後すぐにファブリックと紙ヤスリの間に強い負荷を感じ、5回擦った時点で写真のように生地がボロボロになった。紙ヤスリにもファブリックの繊維がたくさん残った。擦れには弱い印象を受けた。

生地の扱いやすさ／針穴の残り具合

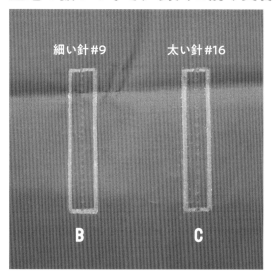

細い針＃9　　　　太い針＃16

B　　　　C

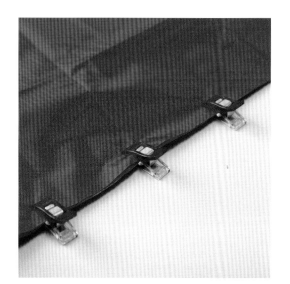

細い針の針穴は光にあてると分かる程度で、見た目も少し跡ができたような状態。太い針は目視できるくらいしっかりと針穴が残った。強度的に問題なければ細い針で対応可能な糸で製作をしたい。

生地が滑るのが難点で、ミシンの押さえを変えたほうが縫い進めやすい。折り作業も手作業レベルではしっかりと折り目を維持できないため、針穴が残るまち針ではなくピンチでとめるなどの工夫が必要。

リップストップナイロンの使用商品例

スタッフバッグ

軽くて薄い生地が多いため、スタッフバッグなどに使われることが多い。物を力任せに詰め込むことが多いため、リップストップ加工で出された強度が実は一役買っている。

オニドーム（アライテント）

独自のフレーミングで強度と広い前室を確保した山岳テント。強風や豪雨など最悪な環境を想定して作られているため、軽さと強度を追求したリップストップナイロンが使われている。

寿命が長いシリコンコーティングで防水
シルナイロン

高い防水性と
劣化しない強み

シルナイロンとは、ナイロン生地(主にリップストップナイロンが使われている)にシリコンを染み込ませた生地のこと。リップストップナイロンの軽くて丈夫な特性に加えて、シリコンを染み込ませることで高い防水性を持たせている。シリコン加工は、ポリウレタンよりも紫外線や湿気による劣化が少ないためベタつかない。一般的に個人で入手しやすいアウトドア向けファブリックだが、素材が薄く滑るので切り出しや折り作業などの加工に苦労する場合がある。30Dのシルナイロンはシリコンが両面コーティングおよび染み込ませたもので、70Dはシリコンが片面に塗られているものが多い。

生地特徴

シリコンコーティングによって、防風性と防水性があることが大きな特徴。さらに、使用するナイロンを薄くすることで軽さも実現した。シリコンはものがくっつきにくいため、専用の補修テープや目止め剤が必要になる。また、防水性があるが透湿性はない。

主な用途

透湿性はないものの、軽く、薄く、防水性を持つことからUL志向の製品に多く使われている。テントやタープ、バックパック、ポンチョ、スタッフバッグ、傘、財布など。

シルナイロンの種類

カラーバリエーションと用途

シルナイロンは、ナイロンベースのためカラーバリエーションが豊富なので好きな色で防水系のものを作ることができる。しかし、主にネットショップでの入手になるためモニターで見た色感と違う場合があるので注意。

70Dのシルナイロン

30Dのシルナイロンは、両面シリコンコーティングされているが、70Dのシルナイロンは片面だけにコーティングされているものもある。そのため、両面コーティングよりもマットな感じで片面は生地の滑りも低い。

独特の透け感

特に30Dのシルナイロンは、独特の透け感がある。写真のようにファブリックの下に手を置いてもしっかりとわかる。バックパックやタープなどを製作する際は、透け感があることを理解した上で製作しよう。

シルナイロンの実証実験

引裂強度

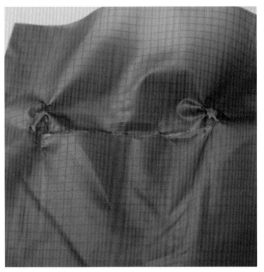

数kgの負荷でもまったく変化はなく、10kg程度の負荷をかけた時点で写真の状態に。ファブリックは伸びたが切れなかった。リップストップ加工がされていることもあり、30Dと非常に薄く軽いのに非常に強靭。

撥水・防水機能

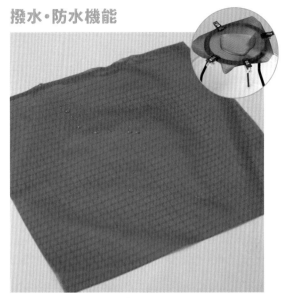

5分、10分経ってもファブリックに水の染み込みなどの変化はまったくない。シリコン加工がされているため、非常に防水性も高く、撥水加工ファブリックよりも耐水圧もある。

耐熱性

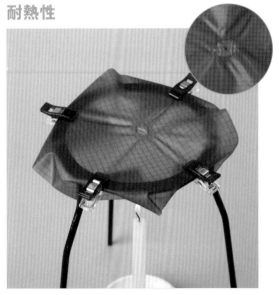

ローソクに火をつけて45秒ほどでファブリックが溶けてシワがより始める。1分で表面は溶けたが、穴は開かなかった。さらに火に当て続けると溶けるが、おそらく高温に強いシリコンの効果だと思われる。

擦り切れ強度

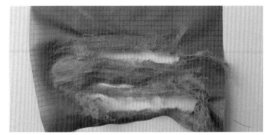

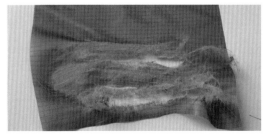

写真上が紙ヤスリを5回擦った状態で、簡単にボロボロになった。写真下はさらに5回（合計10回）擦った状態で、5回擦った状態よりもさらにファブリックが破壊された状態になった。

生地の扱いやすさ／針穴の残り具合

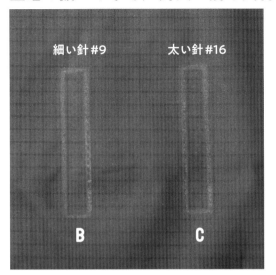

細い針 #9 　　　 太い針 #16

B 　　　 C

シリコンコーティングのおかげか、細い針のほうは目視では針穴がまったくわからない。太い針のほうは、針を入れた部分に白残りのような跡ができてしまうが、針穴自体は目立たない。

ファブリックが滑り、さらにシリコンコーティングがされているため扱いには少し練習が必要。折り目をつける際に低温アイロンが有効だが、シリコンの影響で針通りと糸の滑りが悪くなり、縫い目が暴れるので注意。

シルナイロンの使用商品例

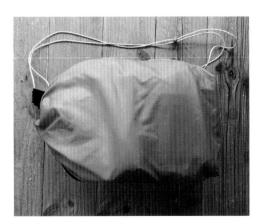

スタッフサック

シルナイロンで作られているため、防水性があり、かつ中に何が入っているかが外からでもわかりやすい。強度もあるため、たくさん物を詰め込んでも問題ない。

NINJYA TARP (パーゴワークス)

30Dのシルナイロンを使用しているため非常に軽量かつコンパクトなタープ。生地のしなやかさと丈夫さを活かして様々な可変機能を持っている。

超軽量な撥水ナイロンファブリック
エアーライトリップ

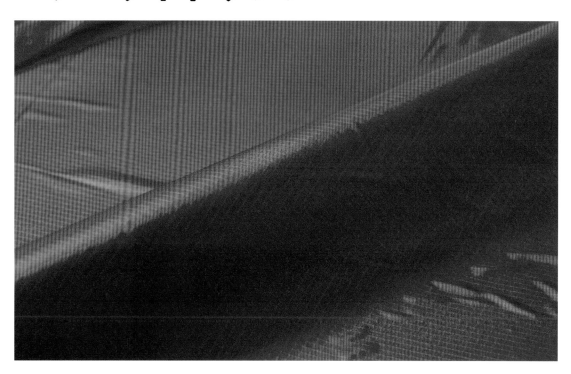

軽量なのに強度もあり
高い撥水性を発揮する

エアーライトリップは、タイツやストッキングなどでも薄手の製品にあたる15Dのナイロン糸を使ったファブリック。エアーライトリップに使われているナイロン糸には、光沢がある15Dの「ブライト超極細糸」というものが使われている。引き裂き広がり防止のリップストップ加工と撥水加工がされているため、生地は薄いのに非常に丈夫（生地が薄いため限界はある）で撥水性能があり、おおよそ29g/平方メートルと超軽量なのが特徴。とても柔らかくナイロンの中でも肌触りがよくサラッとしている。大型の生地専門店やネットショップなどでも簡単に入手可能。

生地特徴

独特の透け感と光沢があり、触り心地も柔らかい触覚的特徴を持つ。軽量性、撥水性の他に、ダウンが生地から飛び出てきにくいスペックを持っている（使用時は実際に確認が必要）。生地の特性上シワが発生しやすいため、運搬や保管の際は注意が必要。

主な用途

アウトドアでは主に、軽量さを求められる製品に使われている。寝袋やキルト、インサレーションジャケットの他、ウィンドブレーカーなどのアパレル、その他小物類など。

エアーライトリップの種類

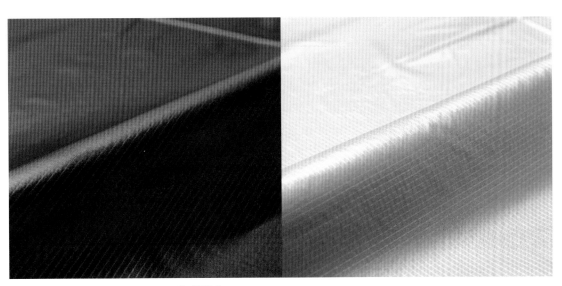

カラーバリエーションと用途

エアーライトリップは、ナイロンの特性上カラーバリエーションが多く、大型の布販売店に行くと10種類程度の色が販売されている。ただし、発色が強く独特な色が多いため、選ぶ際には吟味が必要。発色の強さとカラーを利用して、ハンモックなど生地量が多く、色で特徴を出しやすいものに使うのがオススメ。また、元気が出る色を活用してブランケットやシュラフ作りにも向いている。

生地感

光沢があり、薄さに対して強度を出すためリップストップ加工がされているため、見た目は特徴的。生地が薄いため触り心地はナイロンファブリックの中でも非常にサラッとしていて、柔らかい。

圧倒的な軽さ

ファブリックとして入手できる素材としては、1平方メートルあたり、30Dシルナイロンが44g、スペクトラ® X-グリッドストップが170gなのに対して、エアーライトリップが29gと圧倒的な軽さを誇る。

エアーライトリップの実証実験

引裂強度

3kg程度の負荷をかけた段階でファブリックがビリビリと音をたてて破れた。ファブリック自体の引裂強度は非常に軽いにもかかわらず強いが、一度切れ目が入るとそのまま切れやすい傾向がある。

撥水・防水機能

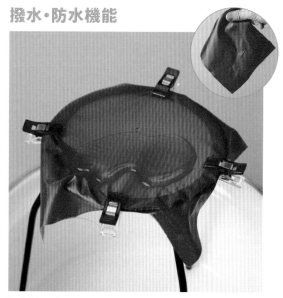

撥水加工がされているため、水をファブリックにのせて5分、10分経過してもまったく変化はなかった。ただし、撥水加工の効果はファブリック表面に負荷がかかったり傷んでくるとなくなってしまう。

耐熱性

ローソクに火をつけて5秒で伝わった熱でファブリックが縮み、シワがより始める。30秒後も同様な変化が進行し、1分経った状態でも穴は開かなかった。生地が溶けて厚くなったのが原因だと思われる。

擦り切れ強度

擦り始めから強い負荷を感じ、紙ヤスリを5回擦った時点でリップストップ部分は残りつつも繊維が薄くハゲた状態になる。さらに擦ると完全に繊維が破壊され切れた状態になる。

生地の扱いやすさ／針穴の残り具合

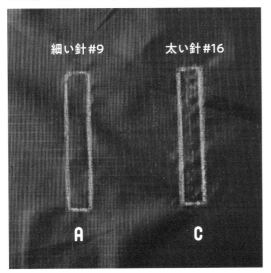

細い針#9 太い針#16

A C

繊維が細い素材のせいか、細い針のほうは、ほとんど針穴が分からない。太い針のほうはしっかりと穴が開いているのがわかるが、ファブリックを縦、横方向に少し引くと穴がわかりにくくなる。

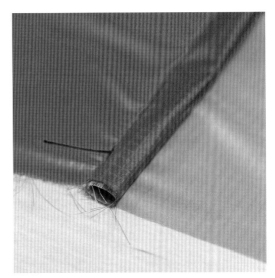

ファブリックが非常に薄いため、丁寧に縫い進める必要がある。また、カット後は端の繊維が非常にほつれやすいため、数回折って縫ったり、グログランテープなどで挟み込んでの端の処理が必要。

エアーライトリップの使用商品例

ハンモック

軽さとコンパクトさ、そして丈夫さが求められるハンモックに使われる。生地単価が高いため価格は高くなってしまうが、フィールドに持ち運び、そして使用するとその価格に見合う恩恵が得られる。

シュラフ（スリーピングバッグ）

ダウン用生地としてもスペックも満たしているため（完全にダウン抜けがないわけではない）、ダウン製品に使われることが多い。特に、ファブリックの軽さからシュラフに使われることが多い。

鉄の８倍の強度を持つ軽量素材

ダイニーマ®・コンポジット・ファブリック(DCF)/キューベンファイバー

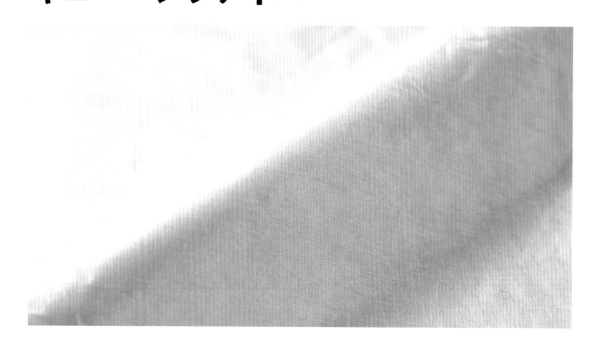

透け感があり薄いのに高い強度を持つ

ダイニーマ®・コンポジット・ファブリック (DCF) (キューベンファイバーともいう) は、素材に鉄の８倍の強度を持つと言われている防弾チョッキなどにも使われているダイニーマを使い、樹脂でラミネートしたフィルム状ファブリック。中身が透けるほど生地が薄くて軽く、それでいて強度があり、さらに防水性も兼ね備えている。また、紫外線にも強く、ポリウレタンコーティングと違い紫外線による劣化が少ない。非常に優れた素材だが、その分生地自体の値段が非常に高いため製品価格も他と比べて格段に高いことと、防水性は高いが透湿性がまったくないというデメリットがある。

生地特徴

透け感のある見た目が大きな特徴で、素材が固くパリパリ感があり、シワができやすい (=洋裁はしやすい)。伸縮性はまったくなく、高強度と超軽量性、そして防水性がある素材。基本は不織布なのでミシンで縫った際についた穴は塞がらずに残る。

主な用途

UL志向でさらに強度を求めたものに多く使われる。主にテント、タープ、バックパック、そしてスタッフバッグやサコッシュ、財布などの小物にも使われている。

ダイニーマ®・コンポジット・ファブリック(DCF)/キューベンファイバーの種類

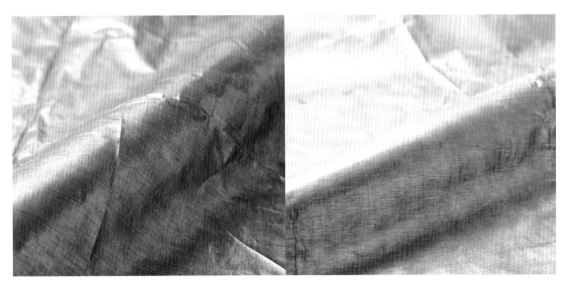

カラーバリエーションと用途

キューベンファイバーは単価が非常に高く、製品としての使用率もファブリックとしての販売経路も少ないためか、カラーバリエーションが4～5色程度と多くはない。また、主な販売先も海外販売サイトになる。独特な透け感があるため、このファブリックを使ったアイテムは透け感を活かした使用、または中が見えてもいい使い方が必要になる。バックパックに使う場合は、若干透け感が少ない黒系の色がオススメ。

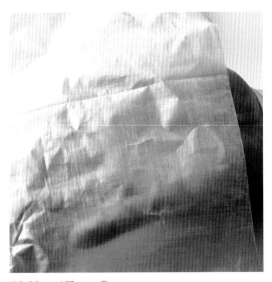

独特の透け感

DCFは、素材と加工上独特な透け感がある。写真のようにファブリックの下に手を置くと、シルナイロンよりもしっかりと透けることが分かる。使用の際はこの透け感が気にならない製品を選ぶようにしよう。

質感

極薄のアルミホイルのようなパリパリとした肌触りで、触ったときに独特な音も鳴る。市販のバックパックやスタッフバッグ製品も含め、見た目にもダイニーマの繊維感があり、他にはない素材感がある。

ダイニーマ®・コンポジット・ファブリック(DCF)/キューベンファイバーの実証実験

引裂強度

2〜3kg程度の負荷ではまったく問題ない。4kgほどで一度裂け始めるが、裂けは少しだけでさらに負荷をかけても変化はほとんど起きない。8kg以上負荷をかけると少しずつ裂け始めた。

撥水・防水機能

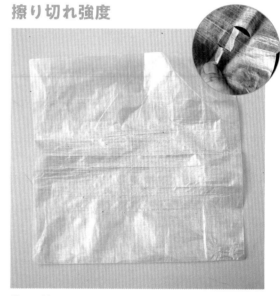

水を入れて5分経ってもまったく変化はなし。その後、10分経っても同様に変化はなかった。キューベンファイバーの特性上、透湿性は全くないが防水性の高さをしっかりと示した結果となった。

耐熱性

ローソクに火をつけて10秒弱ですぐにファブリックが溶けて穴が開き始める。穴は時間とともに徐々に広がっていく。キューベンファイバーの素材と生地の薄さから耐熱性は高くないことがわかる。

擦り切れ強度

始めの数回はまったく問題なく、5回目で擦れた線が入り始めるが、毛羽立ちなどはほとんどなかった。10回目で生地に小さな切れ目ができた。薄さを考えると基本的には非常に強靭なファブリック。

生地の扱いやすさ／針穴の残り具合

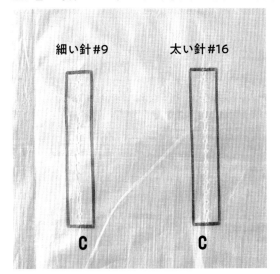

細い針、太い針共にファブリックにはしっかりと針穴が残った。どちらも目視して穴がわかる状態なので、縫製の際は間違いないように確認しながら縫い進めていく必要がある。

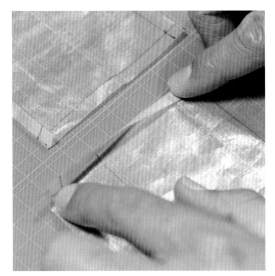

折り紙のように折りやすく、また折り跡がしっかりと残るため、折り目処理はまち針やピンチが不要。作業が非常に楽だ。ただし、針は細いタイプを使用しないと縫い進めにくい場合があるので注意。

ダイニーマ®・コンポジット・ファブリック（DCF）／キューベンファイバーの使用商品例

Khufu DCF（現行は Khufu DCF-B）（ローカスギア）

トレッキングポール1本で設営が可能なフロアレスのモノポールシェルター。紫外線に強く、非常に軽量で強靱なシェルターだが通気性はないので、特性を理解した上で使用する必要がある。

cuben fiber backpack （アンドワンダー）

キューベンファイバーを使用しているため、軽量性、防水性、強靱さを持ったバックパック。背面パッドを外すとさらに軽量コンパクトになる。

しなやかさと丈夫さを兼ね備えた軽量素材

PERTEX® QUANTUM

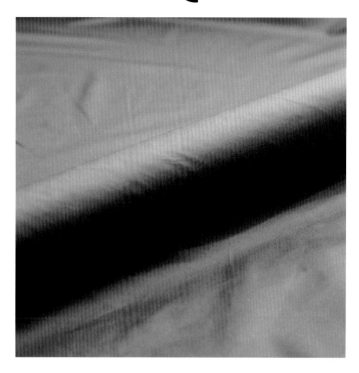

生地特徴

しなやかさ、軽さ、丈夫さを持つ特徴を基本とした PERTEX® QUANTUM（パーテックス®クァンタム）を中心に、防水や防風性を持たせた素材、吸水速乾性特化型、軽量特化型、強度と耐久性特化型など、様々な特性を持ったシリーズがある。

主な用途

肌に触れる部分に使用されることが多いが、それぞれのシリーズの特性を活かしたアウトドアジャケットなどのアウターウェアや、シュラフに使われることが多い。

軽量さと丈夫さ
しなやかさが魅力

パーテックス®は速乾性と軽さ、しなやかさが特徴で、イギリスのメーカー、パーセベランスミルズ社によって1979年に開発された。現在は日本の三井物産が権利を所有している。この機能に注目した英国の登山家、ラブ・キャリントンがこの素材を使ったシュラフとダウンジャケットを製作したことがきっかけでアウトドア素材として広く普及した。現在は、基本性能に軽量化に特化した「PERTEX® QUANTUM（パーテックス®クァンタム）」を中心に、プロテクション機能を重視した「QUANTUM PRO」、通気性に優れる「QUANTUM AIR」などが存在する。

触った感じは非常にソフトでしなやかな印象があり、肌に直接触れても嫌な感じはしない。見た目は、シルクのような光沢感があり上質な雰囲気があるため、ウエア類に使われる理由が理解できる。

撥水性のある素材

軽くてしなやかな防水透湿性能をもった生地

PERTEX® SHIELD

生地特徴

防水透湿ファブリックが持つ「防水性」「透湿性」に加えて「軽量性」「しなやかさ(柔らかさ)」を持っているのが大きな特徴。耐水圧も非常に高いため、シビアな自然環境での使用に向いている。色も出しやすいため、各メーカーが特徴的なカラーでのウェアをデザインしている。

主な用途

防水透湿性能を求められるものに使われていて、アウトドアジャケットやパンツ、グローブなどに使われる事が多く、特にUL志向の製品に多く使われている。

強度が高いのに軽く
撥水性もある生地

パーテックス®シールドは、PERTEX®シリーズの中でも非常に高い透湿性を維持しながら、防水性能を持つ防水透湿ファブリック。特に優れているのは、パーテックス®全般の特徴である「軽量性」と「しなやかさ」を持っていることで、その特徴が組み合わさることでコンパクト性も兼ね備えている。そのため、パーテックス®シールドは重量と通気性が重要となる激しい山岳地帯での使用に向けて設計されていることがわかる。他の防水透湿ファブリック同様に、2層、2.5層、3層構造の展開があり、様々なアウトドアブランドがこのファブリックを使用したウェアを展開している。

非常にしなやかで薄手のファブリック。触った感じはサラッとしていて、軽量さも感じる。見た感じは過度な光沢感がなく落ち着いた発色になっているので、他のウェアとも組み合わせやすい。

クラシカルな見た目に詰まった高機能

スペクトラ®X-グリッドストップ

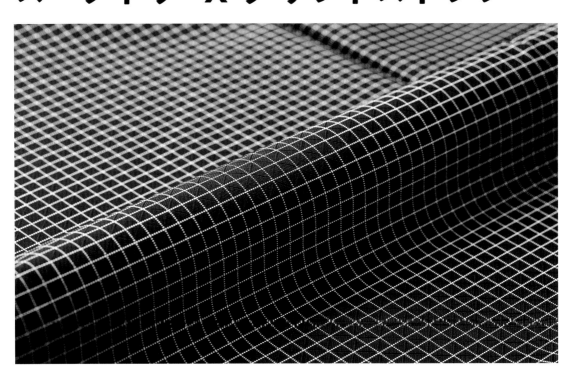

高い防水性と
驚異の耐久性を持つ

スペクトラ®Xグリッドストップは、200Dのリップストップナイロンに、強度が鉄の15倍ありつつも水に浮くほど軽い特性を持つスペクトラ®ファイバーを使った糸をX状に配して生地自体の強度を高めたファブリック。また、生地にポリウレタンコーティングをすることで耐久性と撥水性も高めている。ベースの200Dリップストップナイロンの色とスペクトラ®ファイバーの白、または黒のラインで見た目はクラシカルな素材といった印象を受けるが、込められた技術は非常に高いスペックを持っている。ネットショップなどで入手可能な素材で、現在5〜6色展開がある。

生地特徴

クラシカルな見た目のためか、ファブリックを使用した製品はハイテクすぎず様々なシーンに合う。また、素材自体が高強度でありつつ通常の200Dリップストップナイロンと同等の重さなのも大きな特徴。ポリウレタンコーティングなので、加水分解などの劣化の可能性はある。

主な用途

アウトドアシーンにおいて、このファブリックの強靭さを活かした使われ方が主となる。バックパック、サコッシュ、アイゼンケースなどに使われていることが多い。

スペクトラ®X-グリッドストップの種類

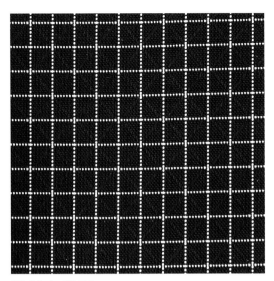

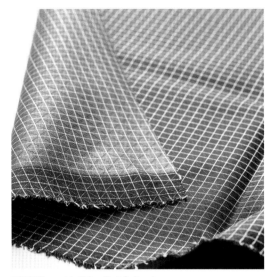

独特な模様

リップストップ加工の格子状の他に、さらにファブリックと同系色で「Xグリッド」が入っていて独特な模様になっているため、バックパックなどに使った際に丈夫さを兼ね備えつつも、クラシカルな雰囲気が出る。

裏面には艶感がある

ファブリックの裏面にはポリウレタンコーティングがされているため、この面には艶感がある。このファブリックを使って自作する場合は、表（未加工面）と裏（加工面）を間違わないように注意が必要。

COLUMN

supplex®（サプレックス®）

ナイロンよりも柔らか機能性ナイロン

サプレックス®は、アメリカのデュポン社が開発した合成ナイロン素材。繊維がとても細く、高密度な構造で作られているため、通常のナイロンに比べておよそ30％柔らかく、コットンに似た手触りなのがサプレックス®の一番の特徴。また、汗をかいてもべたつきが少ないため、ドライな感じを維持でき、引裂強度や防風性も高く、撥水加工もされているため多少の雨でも気にならない。さらにナイロンよりも軽いファブリックになっている。もともとは90年代頃から使われていたファブリックだが、現在もその優秀性と色あせない質感や見た目の良さから多くのアウトドアウェアや小物にも使われている。

生地特徴

ナイロンよりもおよそ30％柔らかく、コットンライクな肌触りであるのが一番の特徴。その他に、耐摩耗性、撥水性、速乾性（コットンと比べた場合）、色あせが少ない、シワになりにくい、軽量、といった性能を持つ。焚き火などの高温には弱く、溶けてしまうため不向き。

主な用途

アウトドアメーカー各社のキャップやハットなど、帽子類に使用していることが多い。また、フィールドシャツやコート、ジャケット類にも使われることもある。

スペクトラ®X-グリッドストップの実証実験

引裂強度

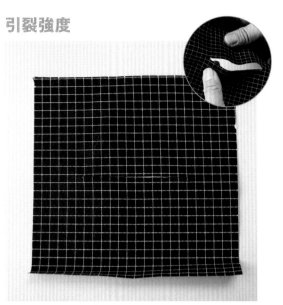

8kgの負荷をかけても切れ目の部分が少し伸びる程度でほとんど変化なし。10kgでも同様に切れ目が広がることはなかった。強度を出すために施された加工のおかげか、かなり強靭なファブリック。

撥水・防水機能

水を入れて5分、10分ともに変化がなかった。撥水加工とポリウレタンコーティングのおかげで高い撥水、防水性能が見られたが、コーティングの性質上保管方法と劣化には注意が必要。

耐熱性

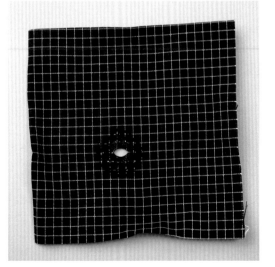

始めの数秒で布裏面が溶け始め、5秒ほどで全体が溶けて穴が開き始めた。溶け固まった部分が厚くなったのか、その後1分程度は変化がなかった。さらに長時間熱をあてると生地の溶けが進む。

擦り切れ強度

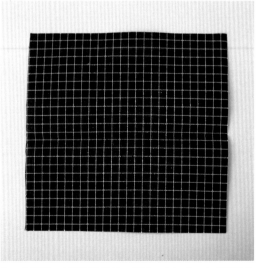

2〜5回擦った程度ではファブリックにまったく変化はなく、10回擦った段階で少し毛羽立つ程度でほとんどノーダメージ。表面の少し滑る感じと、強靭な構造が強度を出していると思われる。

生地の扱いやすさ／針穴の残り具合

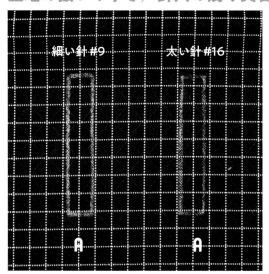

細い針、太い針共に針穴を開けた場所に光に照らしてみてもほとんど針穴が分からない状態だった。おそらくファブリック裏面のポリウレタンコーティングのおかげで穴が少し小さくなったと思われる。

格子状、そしてX字に模様が入っているため、カットや縫製の際のガイドになるため加工がしやすい。ただし、生地自体は折り目が付きにくく、さらに熱に弱いためアイロンの仕方に注意が必要。

スペクトラ®X-グリッドストップの使用商品例

KHAMPA LA PACK
（ワンダーラスト・エクイップメント）

ストラップをしっかりと引き絞めると身体にフィットするサコッシュ。様々なファブリックを使ったものを選べるが、このタイプはクラシカルな表情がウェアを問わず合わせやすい。

OWN（OGAWAND）

OGAWANDオリジナルのバックパックで、パックサイズを自由に変えられる。さらに、様々なオプションでカスタマイズができる。ファブリックの模様も特徴のひとつ。

自作に最適な防水ナイロン素材

パッククロス・ナイロン

高い防水性と撥水性
紫外線による劣化を防ぐ

パッククロス・ナイロンは、軽量で丈夫なオックスフォード織りのナイロンに、ポリウレタンコーティングとDWR（Durable Water Repellent）加工（耐久撥水加工のこと）がされているファブリック。そのため、防水性と撥水性を兼ね備えている。使われるナイロンは、200D、400D前後のものが多く（写真は400D）、強度と軽さのバランスを考えながら使われている。また、使われるベースのナイロンは、リップストップナイロンなどのナイロンファブリックを使ったり、紫外線による生地の劣化を防ぐための加工などを行うことで特徴を出して作られたものもある。

生地特徴

防水性と撥水性を持ち、比較的ミシンで縫いやすいのが大きな特徴。そのため、防水が必要なもの全般が作りやすい。ただし、熱によって溶けやすい。また、ポリウレタンコーティングは劣化しやすいため、メンテナンスや保管方法に注意が必要。

主な用途

防水が必要なバックパックやウエストポーチ、トートバッグなどバッグ類に使われることが多い。また、軽い素材で作られたバックパックの強度が必要な部分にも使われる。

パッククロス・ナイロンの種類

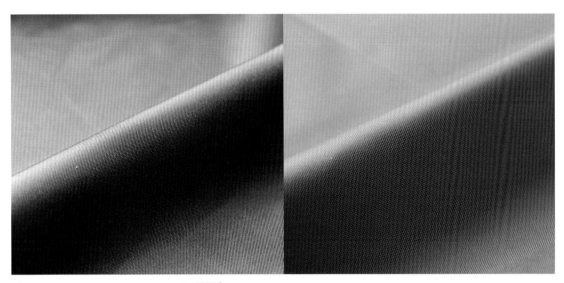

カラーバリエーションと用途

黒をベースに合計4種類程度のカラーバリエーションがある。少し艶感があり、色は思ったよりも落ち着いた感じになっている。ファブリックの購入は、ネット販売が中心になるので色合いには注意が必要。いい意味で主張が強すぎない配色なので、バックパックや小物類に使っても目立ちすぎず品良く仕上がる。また、カラーも含めてシンプルなファブリックなので、クラシカルな雰囲気を出したいものを製作するのにも最適。

COLUMN

COOLMAX®(クールマックス®)

吸水速乾・オールシーズンファブリック

クールマックス®は、1986年にアメリカのデュポン社（※現在はインビスタ社）により開発された、優れた吸水速乾性を持つ素材。ポリエステル繊維に独自の溝を作り出すことで、毛細管現象が起きて生地に付いた水分や汗を繊維が吸い上げて蒸散させてくれる。その現象で生地が常にドライに保たれるため、夏場の暑い時期や濡れてしまったときでも快適な着心地になる。また、その溝が空気を含み、冷感だけではなく、寒冷時に暖かさを保てるという特徴も持つ。クールマックス®の名称、そしてタグを使用する場合は、品質を保証するためのブランドライセンス契約が必要になる。

生地特徴

クールマックス®には、吸水速乾機能を中心にベーシックなコアテクノロジー、季節を問わず着られる中空繊維が特徴のオールシーズンテクノロジー、吸水速乾性を強化したエアーテクノロジーの3種類を基本に、UVカットやエコ素材のシリーズもある。

主な用途

アウトドアのベースレイヤーやスポーツウェアを中心に、カジュアルウェアやビジネススーツやシャツなど、着心地を追求した様々なウェア類に使われている。

パッククロス・ナイロンの実証実験

引裂強度

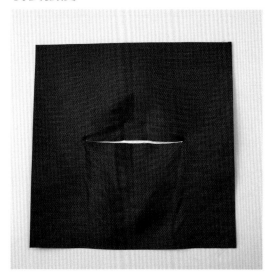

はじめに2～3kgの負荷をかけてもまったく切れ目に変化はなかった。8kgの負荷で、少し切れ目が広がる程度。10kgの負荷でも8kgの負荷とほとんど変わらない状態と、400Dと厚手だったためか強靭だった。

撥水・防水機能

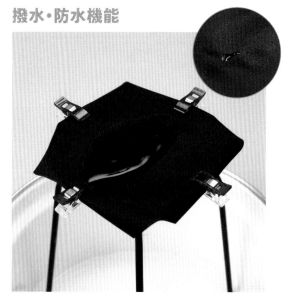

撥水加工とポリウレタンコーティングがされているため、水を入れて5分、10分経過してもまったく変化はなかった。ただし、コーティングの関係上保管方法と劣化には注意が必要。

耐熱性

ローソクに火をつけて30秒ほどでファブリックの色が濃くなり、表面が溶けて煙が出始めた。表面は固くなり、しなやかさを完全に失ってファブリック自体がバリバリと割れるような状態になった。

擦り切れ強度

5回擦った段階で、線状の削り跡が入り始める。10回擦った時点では、線状の傷がさらに増えて、表面の毛羽立ちが目立つようになってきた。それでも10回の時点ではファブリックは切れなかった。

生地の扱いやすさ／針穴の残り具合

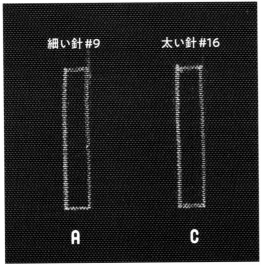

細い針#9　太い針#16

A　C

細い針の針穴は、光に当てても穴がほぼ分からない状態だった。太い針の針穴は、目視の時点でしっかりと穴が残ってしまっているのがわかる。そのため、太い針で縫製を行う場合は注意が必要。

裏面にポリウレタンコーティングがされているものの、縫製の際の針通りがよく、生地の伸びもないため作業がしやすい。折り目は付けにくいので、ピンチやまち針をセットする必要がある。

パッククロス・ナイロンの使用商品例

ゲイター

最大限の強度が必要な部分には強力なファブリックを使い、強度の他に軽さを求めるパーツでパッククロス・ナイロンを使用してバランスをとっている。

ギアケース

ある程度の強度が必要とされるギアケースにも、パッククロス・ナイロンが多く使われている。写真のケースは、無線やGPSなどを入れるのにも使いやすいようにクッション性もある。

汎用性が高い縁の下の力持ち素材
PUタフタ

しなやかで
比較的安価なのが強み

PU（ポリウレタン）タフタは、防水加工（完全防水ではない）のポリウレタン・コーティングをしたタフタ（経糸と緯糸を交互に交差させた平織のファブリック）のこと。販売名称としては、「○○Dナイロンタフタ PU加工」「ナイロンタフタ ○○D PU加工」などといったものもある。厚さは、大きくは変わらないので、写真のPUタフタは、70Dのナイロン100％で1平方メートルあたり75gと非常に軽く薄いファブリック。一般的に、1mあたりの価格が他のコーティング素材と比べて少し安いため、アウトドア製品でも、様々な用途に使われている。

生地特徴

他のコーティングされたファブリックと比べて安く入手できることと、しなやかで軽量性や耐風性があるのが大きな特徴。ものによっては洗濯機で洗濯が可能なので、汚れが付きやすいものにも使いやすい。シンナーやアルコールなどの溶剤などには弱いので注意が必要。

主な用途

ファブリックが持つ特性から、テントのグランドシートや雨具（ポンチョなど）、スタッフサックやシューズケースなどに使われる。

PUタフタの実証実験

引裂強度

2 ～ 3kgの負荷では切り端が伸びる程度で変化はなかったが、5kgの負荷でファブリックがミシミシと音を出し始める。さらに8kgまで負荷をかけていくと写真のように裂け跡が広がりはじめた。

撥水・防水機能

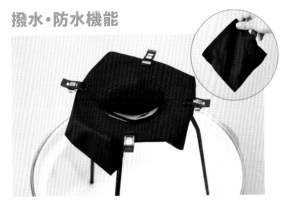

撥水加工とポリウレタンコーティングがされているため、ファブリックに水を入れて5分、10分経ってもまったく変化は見られなかった。コーティングの関係上保管と劣化には注意が必要。

耐熱性

70Dと生地が薄いこともあり、火をつけてすぐにファブリック表面が溶けはじめ、3秒ほどで完全に穴が開いてしまった。ファブリックが溶けて硬化したためか、その後1分程度はほとんど変化が見られなかった。

擦り切れ強度

数回擦った段階で表面に削り跡が目立ちはじめる。5回目あたりで削り跡がさらに目立つようになり、切れ目が発生した。以降10回擦り続けると、削り跡が大きくなり、さらに切れ目が増えていった。

生地の扱いやすさ／針穴の残り具合

細い針の針穴は、目視だけでは分からなかったが光にあてると穴が分かるくらいの跡。太い針の針穴は、目視だけではっきりと針穴が分かるくらい残ってしまった。縫製の際は、縫い間違いに注意が必要。

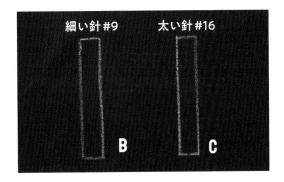

伸縮性を持ったナイロン生地
ストレッチポリアミド

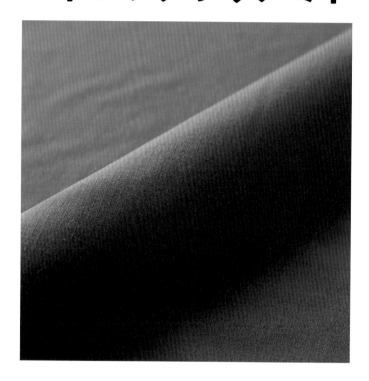

生地特徴

一番の特徴は、高い伸縮性を持っていること。また、ナイロンベースなので様々なカラーバリエーションがある。撥水性を持ったタイプもあるので、アウトドア仕様にも向いている。ただし、撥水性は摩擦や汚れなどで能力は落ちるのでメンテナンスが必要。

主な用途

ストレッチ性を活かして、パンツやソフトシェルジャケットなどに使われる。また、バックパックのポケット部分やウェストバック、サコッシュなどにも向いている。

撥水性と伸縮性を
あわせもつ素材

ストレッチポリアミド（ポリアミドはナイロンの正式名称）は、伸縮性をもったナイロンファブリック。ストレッチナイロン、ナイロンストレッチなどといった名称で販売、使用されていることもある。ゴムのように伸縮するポリウレタン（スパンテックス）繊維をナイロンと混ぜることで伸縮するファブリックにしたもの。体を動かす際に衣服が伸縮して欲しい製品に向いている。市販品によっては、一方向に伸びる2WAY、縦横方向に伸びる4WAYなど伸びる方向やベースのナイロン表面の感じにも違いがある。アウトドア用には、撥水性を持ち、しなやかで肌触りがよいものが向いている。

アウトドアファブリックとして入手可能なもののなかで一番肌触りがよい。また、ストレッチ感も全方向的にストレスなく伸びる感じがウェアの他にもポケットなどにも有効。

赤、青、黄色のようなビビッドな色味だけではなく、カラシ色や朱色のような目になじみがよい日本らしいカラーもある。そのため、色で主張するものづくりもしやすい。

ストレッチポリアミドの実証実験

引裂強度

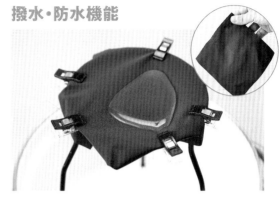

数kgの負荷の時点では、ストレッチ素材ということもあり生地は伸びるものの変化はなかった。5kgの負荷あたりから生地が裂け始め、少し縦方向にも糸が伝線しはじめる。8kgの負荷をかけると写真のように裂ける。

撥水・防水機能

撥水加工がされているため、水を入れてから5分程度ではまったく変化はなかった。10分経過しても変化は感じなかったが、水を取り除いたあとファブリックを触ってみると少し湿った状態になっていた。

耐熱性

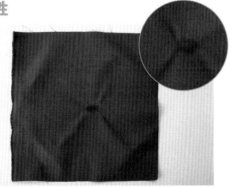

ローソクに火をつけて数十秒はまったく変化が見られなかった。1分ほど経過した段階でファブリックの表面が少し溶け始めて表面にしわが寄り始める。思っていたよりも熱に対して強い印象を持った。

擦り切れ強度

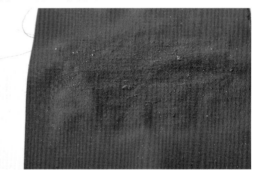

5回擦った状態ではほとんど変化がなく、10回で写真のように少し毛羽立つ程度。ファブリック自体に伸縮性があるため、鉛のインゴットを動かしても紙ヤスリの摩擦で布が動いて削れるのを防いだ様子。

生地の扱いやすさ／針穴の残り具合

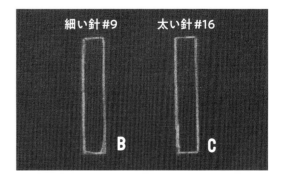

細い針、太い針の針穴ともに、目視、光にあてた状態でも針穴が分からなかった。おそらく、ストレッチ性があるため針穴が見えなくなったと思われる。ほとんど穴がない状態だが、浸水の可能性はあり。

繊維の膨張を利用したクラシックな撥水素材

60/40クロス（ロクヨンクロス）

クラシカルながら
高い機能を持ちあわせる

60/40クロスは、高機能な防水ファブリックが誕生していなかった1960年代に、アメリカのアウトドアブランド「シエラデザインズ」が開発したファブリック。コットン60%とナイロン40%の比率で混紡した素材なのでそのように呼ばれている。今では様々な高機能素材がたくさんあるが、コットンよりも通気性が高く、ナイロンよりも耐摩耗性に優れているという特徴を持ち、さらに水分を吸収すると、繊維が膨張して撥水性も発揮することから当初は非常に高機能な素材だった。現在でも使うほどに風合いが出ることから、クラシカルアウトドアウェア、キャンプウェアとして愛用者がいる。

生地特徴

コットン60%、ナイロン40%の割合で混紡された素材のため、コットン感がある風合いが特徴。そのため、着心地が良く、それでいて通常のコットンよりも雨に強い（完全防水、撥水性があるわけではない）。また、昨今の素材よりも経年劣化に強い。

主な用途

シエラデザインズの代表的素材のため、同ブランドのマウンテンパーカー等のアウターに使われている。ヘビーデューティーなテイストが、ファッション要素としても人気。

60/40クロス（ロクヨンクロス）の実証実験

引裂強度

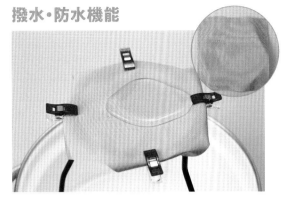

数kgの負荷ではまったく問題ない。4kgの負荷でファブリックに少しずつ切れ目が広がり、7kg程度の負荷で一気に裂けてしまった。切れ目が入った状態からは引裂強度を保てないのですぐにリペアが必要。

撥水・防水機能

水を入れて5分、10分経過してもそのまま変化はなく、ファブリックに水が染み込むことはなかった。ファブリック自体に撥水加工がされていることもあると思うが、しっかりと水を弾いていた。

耐熱性

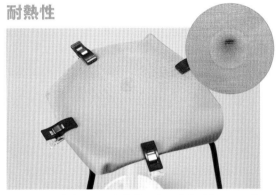

ローソクに火をつけても数秒は全く変化がない。30秒経過した時点でファブリックから少し煙が出た。写真は50秒経過したときのもので、ナイロンの溶け感はなくコットンが焼けたような跡が残った。

擦り切れ強度

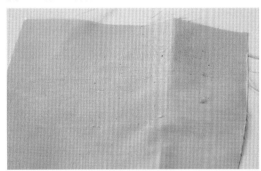

5回擦った時点は、多少擦れた程度の跡しか残らなかった。写真は10回擦った時点のもので、少し繊維が切れたような跡が出始める。ナイロン100％と比べてかなり摩擦に対する強度がある。

生地の扱いやすさ／針穴の残り具合

細い針の針穴は目視できるが気にならない程度。太い針の針穴はしっかりと目視できる状態だった。生地の質感は張りがあるコットンのような感じなので、縫製に関しては非常にやりやすい。

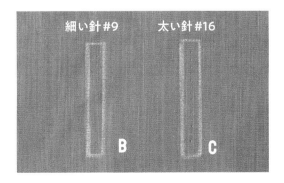

防水性と透湿性を持つ
防水透湿素材（サードパーティ製）

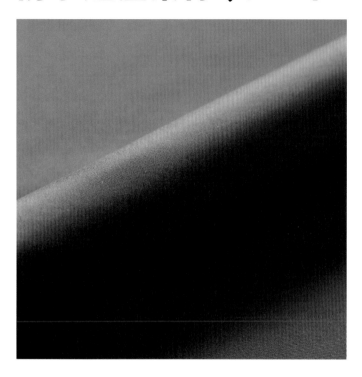

生地特徴

防風性の他に、中のフィルムに体から出る汗（水蒸気）は放出し、外からの雨を防ぐという特徴がある。ただし汗が水蒸気ではなく液体になってしまった場合は外に出ないため、中に着るウェアの選択が重要になる。ただし、熱や油に弱く、価格が高い。

主な用途

雨や雪など濡れを防ぐ用途での使用が多い。レインジャケット、インサレーションウェアや寝袋の表地、ゲイターやグローブ、帽子などの小物に使用されている。

各社でオリジナルの素材をリリースしている

防水透湿素材は、内部に溜まった湿気を外に排出し、外部からの水は中に通さない特性を持つファブリック。多くの防水透湿素材はフィルム状の素材を撥水性のある表地と吸水性や肌触りのいい裏地でサンドウィッチするように挟んで作られているものが多い。また、サンドウィッチの枚数で2層、3層などの工夫もある。アウトドアブランドや素材メーカーがそれぞれオリジナルの防水透湿素材を出している。代表的なもので、日本ゴア合同会社の「ゴアテックス®（シリーズ）」THE NORTH FACEの「FUTURE LIGHT®」、mont-bellの「ドライテック®」、コロンビアの「オムニテック®」などたくさんある。

3レイヤーの防水透湿ファブリックなので、防水透湿機能を持った素材のメンブレン部分は、表地と裏地に挟まれているため見えない。表地はサラッとした感じで、裏地は表地よりも少し肌触りがいい。

防水透湿素材（サードパーティ製）の実証実験

引裂強度

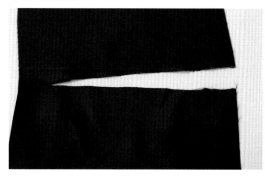

1～2kgの負荷までは変化はなかったが、4kgの負荷で小さく裂け始めた。途中は裂けが少し止まったが、最終的に8kgの負荷で完全に裂けてしまった。実験生地はサードパーティー製なので、メーカーにより変化あり。

撥水・防水機能

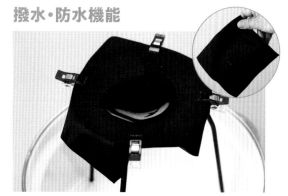

ファブリックに水を入れて5分、10分経過してもまったく変化は見られなかった。水を取り除いた際も水滴ができてしっかりと弾いていた。入手しやすいサードパーティー製の中ではかなり優秀。

耐熱性

ローソクに火をつけて数秒はまったくファブリック表面に変化はなし。30秒程度で表面に色の変化が見え、少し溶け始める。1分経過した段階でさらに溶けた後が目立ち始めるが穴は開かなかった。

擦り切れ強度

5回擦った時点でファブリック表面に削れた線がつき毛羽立ちが見られた。10回擦ったら、ファブリック表面の毛羽立ちがさらに浮き出てきて、紙ヤスリにも付着し始めたが、生地が切れることはなかった。

生地の扱いやすさ／針穴の残り具合

細い針、太い針ともに針穴が目視でうっすら分かるくらい残った。ラミネートされているメンブレン部分はどのようになったかは不明だが、特に太い針の針穴はファブリックの裏面から見てもしっかりと跡があった。

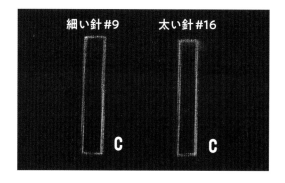

防水透湿素材

アウトドアファブリックの革命的存在

防水透湿素材の基本能力

　防風、防水に加え"透湿"機能を持ち合わせた防水透湿素材。ただし、この透湿能力は、人体から出る汗などを全て外に出してくれるわけではありません。基本的には、ウェア内に溜まった湿気が100%を越えた101%の1%から外に出ていってくれるイメージです。つまり、完全に中がドライになってくれる訳ではありません。また、透湿の仕組みはあくまでも「水蒸気」が外に出るため、外気温とウェア内の温度の差やウェアリングの問題などによりウェア内に水分は溜まっていってしまいます。

防水透湿素材使用ウェア類の使い方が大切

　先にも挙げたとおり、防水透湿素材を使用した

ウェアなどでも、中が濡れてしまうことがあります。それら不快感を減らすためには、「ウェアリング」なども重要になります。例えば、ベースには水を吸わない素材のメッシュウェアなどを着て、かいた汗を外に出して汗戻りしないようにするなど、ウェアの着方で快適度が向上します。

日進月歩の防水透湿素材

　現在でも、透湿率を上げる代わりに少し風が通るものや、透湿率はそのままにより薄く軽いものなどメーカーが様々な特性を持たせた防水透湿素材を開発しています。現時点で、どの素材が自分のスタイルや持っているウェア類との相性がいいのかなどを考えながら選んでみるのもオススメ。もちろん、素材以外にもウェア類の構造上の工夫もあるので2つの視点でチェックしてみましょう。

防水透湿素材の代表使用例

ウェア類

防水透湿素材が一番活躍するのはジャケットやパンツの
ウェア類だろう。身体全体から出る汗などをコントロー
ルできることは、安全面の他に快適性も向上させる。

シュラフカバー

ウェア同様に、人体から出る汗を全体でカバーしてくれ、
さらにテント内の結露などでシュラフの濡れを完全に防
いでくれる。タープのみでも雨を気にせず快眠できる。

ゲイター

ブッシュから身を守ったり、シューズ内への雪の侵入を
防いでくれる足に装着するアイテム。ブーツ内や足の汗
蒸れを軽減してくれる。

シューズ

外からの水の侵入を防ぎつつ、不快な足蒸れを軽減して
くれる。防水透湿素材を使うことで雨、風、泥などを気
にせずフィールドを歩くことができる。

種類が豊富な強度・防水・軽い素材

X-PAC

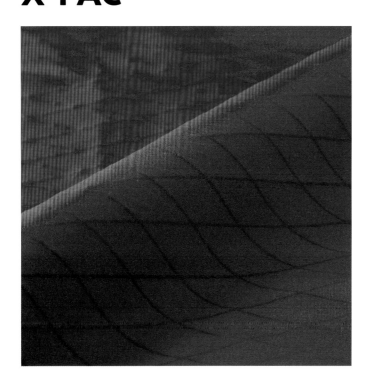

生地特徴

X状に交差した模様と張り感が特徴。防水、軽量、強さをベースに表地の使い方で様々な表情、特性を持たせられる。ただし、強度面では少し劣り、重い物を入れる想定の大型ザックには向かない。また、長期間使うとラミネートが剥離してしまうなど劣化が早い。

主な用途

強度面の問題から、UL志向で防水性を求めるアイテムに使われることが多い。20L程度の小型〜40L程度の中型のバックパック、サコッシュや財布などの小物など。

強度が高いのに軽く撥水性もある生地

X-PACは、ヨットの帆であるセールクロスを生産するアメリカのディメンションポリアント社が開発したファブリック。表地（仕様は様々）とポリエスタX-PLY、ポリエチレンテレフタレート樹脂などを貼り合わせた構造で作られたファブリックで、高い防水性と防風性、強度を持っている。軽量性においては、一般的なナイロンバックパックと比べると半分程度の重さになる。X-PACは多くの種類があり、10オンスオーガニック・コットンを表地にした「X10」、ポリエステル不織布の表地などが使われた「LS07」など、表地の素材、厚さや加工方法などによって、購入可能な物でも12種類ある。

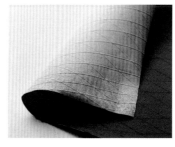

X-PACはどのタイプも裏表があり、裏面は色が違ったり質感が違ったりする。また、生地感は少し固めで、折り目が付くととれにくいので、たたみ方や生地の保管に注意。

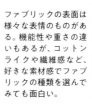

ファブリックの表面は様々な表情のものがある。機能性や重さの違いもあるが、コットンライクや繊維感など、好きな素材感でファブリックの種類を選んでみても面白い。

表地の種類と自作する際の注意点

ウルトラライトスキン （LS07）

全グレード中最軽量の防水、耐摩耗性パッククロス。とても薄く柔軟性に富む。デイハイキングや長距離ランニングの際の携行用に最適。ベルトなどを取り付ける際は補強パネルを裏当てする。

SPEC
重量：115.3（g/m2）、素材：ナイロン53％ポリエステル47％、引張強度：縦22.7N、横23.6N、耐水圧11bar

スタンダードライトスキン（LS21）

VX21シリーズと同じ210Dをフロントではなく裏地に使用しており、耐摩耗性を強化した他、縫製した際の強度もVX21と遜色ない。ベルトなどを取り付ける際は補強パネルを裏当てする。

SPEC
重量：1625.7（g/m2）、素材：ナイロン70％ポリエステル30％、引張強度：縦41.4N、横28.0N、耐水圧13.8bar+

高耐久ライトスキン （LS42）

表地には軽量な耐摩耗生地を使用しているが、裏地が420デニールと丈夫になっており、縫製部やベルト接合部などにも高い強度を持たせることが可能となっている。

SPEC
重量：233.9（g/m2）、素材：ナイロン84％ポリエステル16％、引張強度：縦93.0N、横81.8N、耐水圧13.8bar+

裏地の種類

レクリエーショナル （X21REC）

軽量、高耐久、柔軟、そして防水性能を備えたグレード。VX21と同じ210Dの表地を用い、裏地には艶やかなポリエステルフィルムを使用している。

SPEC
重量：149.2（g/m2）、素材：ナイロン77％ポリエステル23％、引張強度：縦71.2N、横53.4N、耐水圧13.8bar+

カモフラージュ （X33）

ミリタリーテイストな迷彩模様が特徴。高密度で編まれた330Dのナイロン表地により、耐摩耗性、引張強度、防水性能を高めている。

SPEC
重量：250.9（g/m2）、素材：ナイロン78％ポリエステル22％、引張強度：縦139.7N、横145.1N、耐水圧13.8bar+

ライト （VX03HS）

30/40Dのリップストップ入りセールクロスを使用した、最軽量の両面織布グレード。

SPEC
重量：142.4（g/m2）、素材：ナイロン29％ポリエステル71％、引張強度：縦49.4N、横41.8N、耐水圧13.8bar+

スタンダード （VX07HS）

荒天用スピンネーカー（バルーン状に展開する帆）セールクロスの製造ノウハウを応用したグレードで、軽量でありながら高い引張強度を持つ。

SPEC
重量：162.7（g/m2）、素材：ナイロン38％ポリエステル62％、引張強度：縦56.5N、横49.8N、耐水圧13.8bar+

テレイン （VX21HS）

X-PACシリーズの中核とも言えるグレード。低伸長率の生地は高い防水性能を持ち、210Dの表地は重量と耐摩耗性を理想的なバランスで両立している。

SPEC
重量：203.4（g/m2）、素材：ナイロン57％ポリエステル43％、引張強度：縦75.2N、横60.0N、耐水圧13.8bar+

リップストップ （VX21RS）

VX21HSより柔らかな手触りが特徴。その名の通りリップストップ補強があり、引張強度と縫製時の強度保持力が高まっている。

SPEC
重量：213.6（g/m2）、素材：ナイロン60％ポリエステル40％、引張強度：縦108.5N、横76.5N、耐水圧13.8bar+

X-PACの実証実験

引裂強度

始めの数kgの加重ではまったく変化は見られなかったが、8kgの加重で写真のように小さく裂け目が広がり始めた。10kg程度の加重をかけると、ファブリックは大きく裂けた。

撥水・防水機能

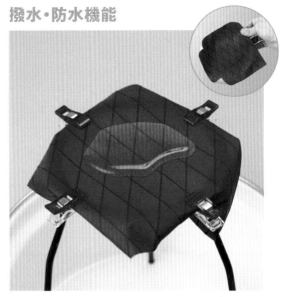

撥水加工がされ、防水性能も高いため、ファブリックに水を入れて5分、10分経過共にまったく変化はなかった。水を落としてもファブリック表面を水玉が転がるようにしっかりと弾いているのが目視できた。

耐熱性

ローソクに火をつけて5秒程度で表面が溶け、シミのようになり始める。15秒で溶け跡がさらに広がり、45秒程度で溶け広がった跡の縁から穴が開き始めた。実験はVX07HSだったが、他の種類も気になるところ。

擦り切れ強度

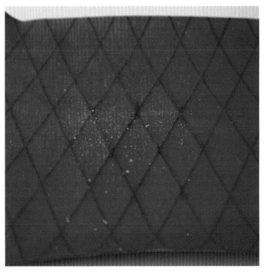

5回擦った時点で、ファブリックの赤い部分は擦れて少し毛羽立ち、黒いXのライン部分はより毛羽立ちが目立つ。10回擦った段階では5回擦ったときよりも赤い部分、黒いXの線ともにより毛羽立つが破けなかった。

生地の扱いやすさ／針穴の残り具合

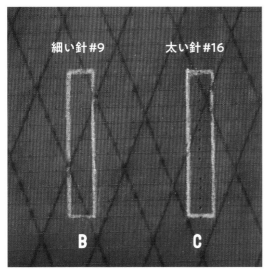

細い針の針穴は、光にあてると分かる程度の穴が確認できた。太い針の針穴のほうは、目視だけでしっかりと穴を確認することができる。ただし、どちらも針の太さよりも針穴のほうが小さい。

ファブリックの加工の特性上か、カールしやすいため、カット加工や線引きなどは多めに重石を置いて作業する必要がある。また、折りシワも残りやすいため、加工や保管には注意が必要。

X-PACの使用商品例

MINI（山と道）

25Lから最大で32Lの拡張性を持っているのに軽量に仕上げてあるUL系バックパック。軽量性、拡張性、荷重バランスなど、様々なところにこだわっている。

サコッシュ（ワンダーピークス）

高い収納性と軽量性を持つ登山用サコッシュ。腰巻のウェストバッグとしても使用可能。グローブをしたままでもアクアガード（止水ファスナー）を開閉できる。

帆布生地の流れを受け継いだ強靭な素材
ターポリン

生地特徴

生地を強化するために樹脂を塗るという方法で加工をし、耐久性、防汚性、防水性、耐油性、そして引裂強度などを高めたファブリック。ただし、生地自体が厚くなり、重さも増し、折りたたむのが難しくなるため、大きなアイテムや重ねて使うとデメリット部分が浮き彫りになる。

主な用途

一般的には横断幕など外での使用に使われる。アウトドアでは、構造上強化（補強）したい部分にスポットとして使用される事が多い。防水のダッフルバッグにも使われる。

耐久性と防汚性に優れた撥水素材

ターポリンは、ナイロンやポリエステルなどのファブリックの両面に、塩化ビニル樹脂を塗った生地のこと。ターポリン（Tarpaulin）は、「タールを塗った防水布」を意味していて、昔は帆布生地にタールを塗ることで防水性を持たせたものをターポリンと呼んでいたのが名称の起源といわれている。この加工をすることで、耐久性が高く、汚れにも強く、防水性も持つようになる。また、引裂強度も通常の布よりも10倍近く強くなる。そのため、外での使用に向いている。ただし、一般的な布が100〜150g/mに対してターポリンは300〜400g/mと非常に重くなり、折りたたみにくくなる。

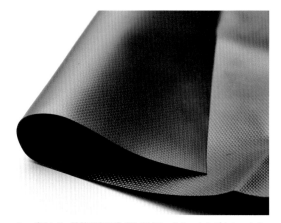

ターポリンは、独特の光沢感がありビニールシートとゴムシートの間をとったような質感がある。通常アウトドアファブリックとして素材購入する場合のターポリンは、光沢面と非光沢面がある。

ターポリンの種類

メッシュターポリン

メッシュターポリンは、ターポリンの生地一面に小さな穴を均等に開けることによってメッシュ状になっているタイプのファブリック。メリットは、通常のターポリンよりも軽量になることと、穴があることで風を通しやすいこと。デメリットは、表面にプリントをした際に通常のターポリンと比べて柄がわかりにくいこと。

風を通す構造になっていることから、工事用の壁面にとりつける目隠しや安全確保のためのシートや、看板のように宣伝などに使われる横断幕などに使われることが多い。

グロスターポリン

「グロス＝艶、光沢」の名の通り、光沢があるファブリック。光沢があっても、テカリを抑えた加工をしてあるので視認性が高く、写真やイラストなども鮮やかに印刷できるのが大きな特徴で、通常のターポリンよりも優れているところ。鮮やかな印刷が可能なことから、印刷物の視認性を必要とする場所で多く使われる。主な用途は、野外設置される大きなバナー、その他看板などに使われることが多い。

遮光ターポリン

通常のターポリン2枚の間に黒い生地が挟まれている（または遮光処理がされている）ファブリック。挟まれた黒い生地によって他のターポリンと比べて遮光性が高くなるため、裏面が透けない。これによってファブリックの両面に違う物を印刷して使用することができる特徴を持っている。

上記の特徴から、裏表違う印刷をして使用したい場合や印刷文字などを光に左右されることなく見せたい外設置用の店頭看板などに使用されることが多い。

Kevlar® (ケブラー ®)

スーパー繊維の名を持つ高機能素材

1965年にアメリカのデュポン社が開発した、高強度・高弾性、高耐熱性など、とても優れた機能を持つ繊維。正式名称は、「芳香族ポリアミド系樹脂」という。日本では、東レ・デュポン株式会社が生産している。この繊維の大きな特徴は、繊維に後から何か特殊な加工や混ぜ物をして付加価値として強靭な繊維にしたのではなく、特殊な分子構造からなる繊維自体の構造からくるものであること。その強靭さから、ファブリックとしての使用だけではなく、航空機の部材や、自動車の摩擦材、空港や鉄道、道路などの補強や補修など強度を必要とする様々なところで使われている。

生地特徴

ケブラーは、通称「スーパー繊維」とも呼ばれていて、代表的な特徴だけでも「高強度・高弾性」「耐切創性」「耐熱性」「軽量」「耐磨耗性」「耐衝撃性」といった、「スーパー」たる所以がある。ただし、値段が高いことと、個人での加工は難しい面もある。

主な用途

防弾チョッキ、溶接系（高温）やガラスなどを扱う（切創）専用グローブなど、危険を伴うシーンに多く使われる。アウトドアでもグローブやゲイターなどで活躍する。

ターポリンの実証実験

引裂強度

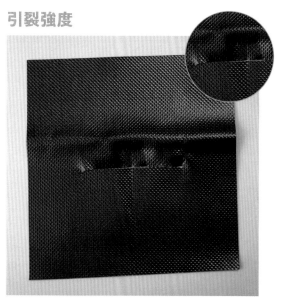

1～5kgの加重ではまったく変化なし。8kgの加重でも切れ目の端がほんの少し伸びる程度でほとんど変化はなかった。10kgの加重をかけた際は、少しファブリックから音が出たがほとんど裂けなかった。

撥水・防水機能

加工で樹脂が塗られているため、水を入れて5分、10分経ってもまったく変化はなかった。水を取り除いても、ファブリックに何の痕跡もなく水を弾いていた。看板などにも使われる理由が納得できる結果だった。

耐熱性

ローソクに火をつけて10秒程度経った段階でファブリック表面が溶けて少しくぼみができた。20秒でゴムが焼けるような臭いとともに煙が上がるもまだ穴は開かない。最終的に1分程度経過した時点で穴が開いた。

擦り切れ強度

5回擦った段階でヤスリの傷で線ができる。10回擦ったら、その分だけ傷が残るようなイメージ。かなりの回数擦り続ければ最終的に生地が破れるが、基本的には表面が削れても機能は大きく低下しないイメージで強靭。

生地の扱いやすさ／針穴の残り具合

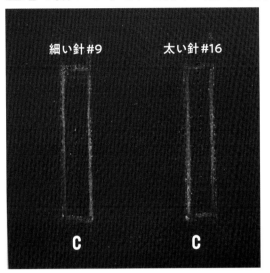

細い針 #9　　太い針 #16

細い針、太い針の針穴共に目視して分かる程度残った。ただ、薄いゴムに穴を開けているような間隔で、針で刺した跡は針穴よりも小さくなっている。穴から水の浸水はあるが、強度は大きく変わらない様子。

ファブリック自体に張りがある薄いゴムのような感じなので、縫う際は太い針を使う必要がある。また、ファブリックの特性上切り端はほつれにくいため、端の処理は必要ない。但し、折り作業などには向いていない。

ターポリンの使用商品例

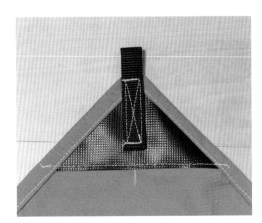

補強用素材として使用

アウトドアファブリックとしての用途では、ターポリンのデメリットとして重さがあるため、単体での使用よりもタープなどの補修用として一部使用されることが多い。

コンパクトバケツ

コンパクトに畳め、水を完全に通さない特性を活かした代表商品として「バケツ」がある。水を入れる用途の他に、ウェアやテントなどの濡れたものを入れる用途にも活躍する。

アメリカ生まれの最強不織布
タイベック®

高強度で耐久力もある
防水透湿素材

タイベック®は、アメリカのデュポン社が独自に開発した高密度ポリエチレンの不織布（織らない布状のもの）。0.5〜10ミクロン（1ミクロン=0.001mm）のポリエチレンの極細長繊維を不規則に層にして熱と圧力で結合させたシートで、透湿・防水性能と強度と耐久性能を持っている。タイベック®には、強靭で密度が高い不透明なシート状になっている「ハードタイプ」と不透明度と白色度は同様で、ハードタイプと比べて引張強度や表面の滑らかさは劣るが、柔らかく引裂強度は優れている「ソフトタイプ」がある。また、ポリエチレン100％のため一定品質の物は再利用も可能。

生地特徴

透湿、撥水性、耐水性、使用可能温度範囲の広さ、軽さ、耐油性、耐久性、そして有害な化学物質やウィルスも防ぐことができるなど、様々な高機能性がある不織布。ハードタイプは紙のように、ソフトタイプは布のように自由な加工ができる。熱には弱い。

主な用途

ハードタイプは主に建材で、ソフトタイプは化学防護服などに使われる。アウトドアシーンではシュラフカバーやテント、タープ、グラウンドシートなどに使われる。

タイベック®の種類

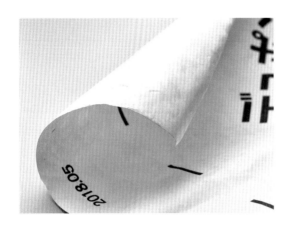

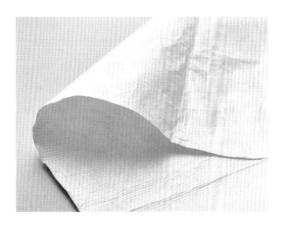

タイベック®ハードタイプ

ハードタイプのタイベック®の大きな特徴は、紙のような張り感と肌触りがあること。さらに、面積あたりの繊維同士の融着（繊維の形状を保ちつつ接合させた状態）点が多いため、伸びもほとんどなく寸法の狂いが少ないのも特徴のひとつ。これらの特性を活かしたアウトドアに適したアイテムは次の通り。

・グラウンドシート
・タープ
・バックパック／その他バッグ類
・財布やペグケースなどの小物類

タイベック®ソフトタイプ

ソフトタイプのタイベック®は、繊維同士の融着が完全ではなく少し分離しているため、紙のような質感のハードタイプとは違い、薄い布のようにしなやかで加工がしやすい特徴を持つ。その分少し伸びがちで、ハードタイプよりも強度は劣る部分があるので、それを理解した上で加工をする必要がある。これらの特性を活かしたアウトドアに適したアイテムは次の通り。

・スタッフサック
・シュラフカバー
・ウェア類

COLUMN

AZTEC®（アズテック®）

半永久的に使える高機能素材

AZTEC®は、1973年に創業されたニュージーランドのアウトドアブランド、macpac（マックパック）が独自に開発した素材。地球へのローインパクトと厳しい自然環境下でも耐えうる素材として、摩擦に強いコットンと、腐食に強いポリエステルを混ぜてファブリックにしたもの。高密度に織られた生地の段階で特殊なワックスに浸して、繊維全てに防水液を浸透させて耐水性を確保している。また、この加工で生地自体の強さも確保している。バリエーションとして、オーガニックコットンを使い、やや軽めの生地で柔軟性を持たせた「ECO AZTEC®」や、さらに軽量な「AZTECPlus®」がある。

生地特徴

特殊な縫製と生地により、劣化することなく半永久的に持続する耐水性と、摩擦などに強い耐久性、そして経年劣化が少ないロングライフなファブリック（製品の製造方法による）になっている。地球環境のことも考慮されているのが大きな特徴。

主な用途

macpac製品のみだが、バックパックやトートバッグなどのバッグ類、ゲイター、財布、など多くの製品に使われている（他ブランドでの仕様および生地単体での購入不可）。

タイベック®（ハード）の実証実験

引裂強度

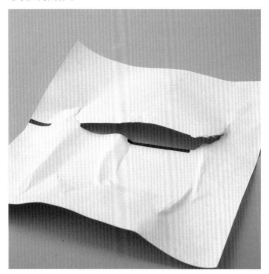

切れ目に0.5kgの負荷をかけた時点で少し切れ目が広がりはじめた。その後、1.5 ～ 2kgの負荷で切れ目とは別の方向に切れ目が入り始めた。引裂強度はそれなりに強いが、一度切れると強度が一気に下がる。

撥水・防水機能

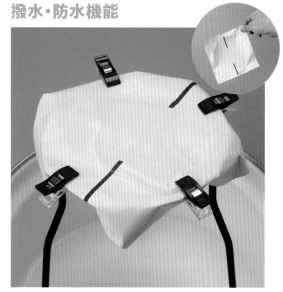

水を入れてから5分経過しても変化はなし。また、10分後も変化なく、しっかりと水を弾いていた。完全に水を通さないのに透湿性があることを考えると、コストパフォーマンスが非常に高い。

耐熱性

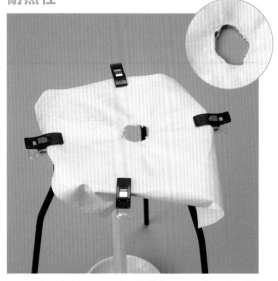

ローソクに火をつけてから7秒程度でファブリックが溶け、すぐに穴が開いた。その後30秒で穴の大きさがさらに大きくなり、1分放置すると開いた穴がどんどん大きくなっていった。熱にはかなり弱い素材。

擦り切れ強度

5回擦った時点で、表面に削り線が見られた。その後10回擦ると写真のようにファブリックの表面が毛羽立ち始めた。以降は回数分だけ傷が増え、最終的にファブリックの耐久度が下がり切れる。

生地の扱いやすさ／針穴の残り具合

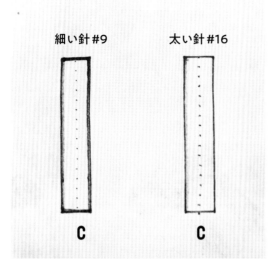

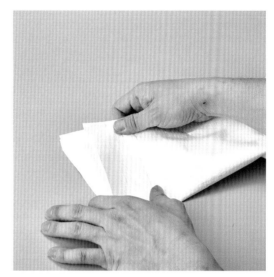

細い針、太い針共に紙に針を刺したように針の太さのままの穴が残った。一度穴が開くと、織物のように繊維を伸ばしたり引いたりすれば少し消えるといったことはなく絶対に残るため、作業には慎重さが必要。

ソフトタイプは布のようでありつつ折りやすく、ハードタイプは折り跡がしっかりと残って作業がしやすい。共にファブリック自体の価格が安いことから、試作などにも躊躇なくどんどん使いやすい。

タイベック®（ソフト）の使用商品例

Multi Sheet Tyvek （LOCUS GEAR）

ソフトタイベック®のシート。ソロ用タープやテントのグランドシートにもなる。軽量で防水性能が高い。タイベックが入手できれば、P144のタープの作り方で、ほぼ同様のものが制作可能。

ジャケット

ソフトタイベック®製のアウトドアジャケット。しなやかで軽いので、UL思考の人には最適。防水透湿機能も兼ね備えているので機能性も高い。ただし、他の素材よりは強度が落ちる。

オンリーワンな機能素材
ネオプレン®

生地特徴

ネオプレン®の表裏に貼り付ける素材のカラーバリエーションによって様々な表情を見せてくれる。また、弾性や伸縮性にも優れており、さらに切る、縫うなどの加工もしやすいため、様々な利点を活かした用途に活用されている。

主な用途

アウトドアシーンでは水辺での使用が多い。ウェットスーツ、沢用のソックスやスパッツ、グローブなどに使われている。一般向けにはクッション素材としても使われる。

あらゆる面で
天然ゴムより優れている

ネオプレン（またはネオプレーンともいう）®は、アメリカの企業「デュポン社」の登録商標で、一般的な名称はクロロプレンという素材に特別な加工を施して作られたため「クロロプレンゴム」という。これを2枚の伸縮性を持たせたポリエステルやナイロン系の生地で挟むことでネオプレンは生地として使われている。ネオプレンは、もともと高価な天然ゴムの代わりになる素材として1930年代にアメリカのデュポン社が開発し、翌年から製造が始まり世の中に広まった。素材の主な特性として、強度があり、さらに耐熱性、耐寒性、耐油性、耐薬品性は天然ゴムよりも優れている。

ネオプレン素材のほとんどは、写真のように合成ゴムを2枚のファブリックで挟んでいる。挟むファブリックは様々で、ポリエステルやナイロンなどが使われている。素材の厚みは2mm、4mm、など様々ある。

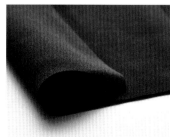

素材感は、表面の素材で大きく変わるが、ファブリックを引いたり押したりすると中の合成ゴム独特の触り心地がある。そのため、独特な反発感と生地の厚みがあり、オンリーワンの感覚があるファブリック。

ネオプレン®の実証実験

引裂強度

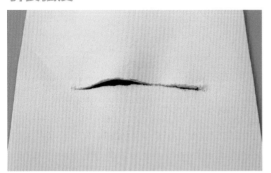

負荷をかけ始めて4kgのところで表裏に貼られている
ファブリック部分がミシッと音をたてたが大きな変化は
なかった。8〜9kg程度で引き裂け始めるが、ファブリッ
ク全部が一気に切れてしまうような感じはなかった。

撥水・防水機能

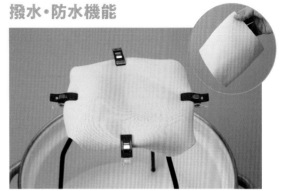

水を入れると一瞬水を弾くが、すぐに表面のファブリッ
クに水が染みていった。5分程度経過すると、見た目は
ファブリック上に水分がなくなった。ファブリック裏面
までは染みていないが、表面は濡れた状態。乾きも悪い。

耐熱性

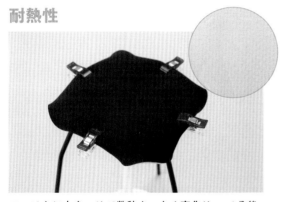

ローソクに火をつけて数秒まったく変化はい。1分後、
表面の見た目に変化はないが、裏面は熱によって溶けた
ような臭いがした。ファブリック自体が非常に厚いため
すぐに穴は開かないが、時間が経てば溶けて開くだろう。

擦り切れ強度

ゴム状の中間素材と表面素材の柔らかさから、紙ヤスリ
をつけた鉛を動かしても生地が一緒に動いてしまう。10
回擦った段階でも表面が少しざらついた程度。表面が強
いというよりも、ファブリック自体の能力か。

生地の扱いやすさ／針穴の残り具合

細い針の針穴はほとんど跡が分からない。太い針のほう
の表面は目視ではまったく分からないが、裏面には針穴
が残った。残った針穴は針よりもひとまわり以上小さい
印象。縫製などは、非常にしにくいため、慣れが必要。

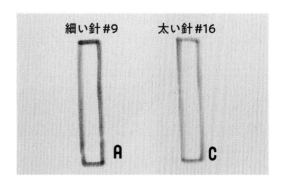

科学の力で生まれた高機能ウール
フリース

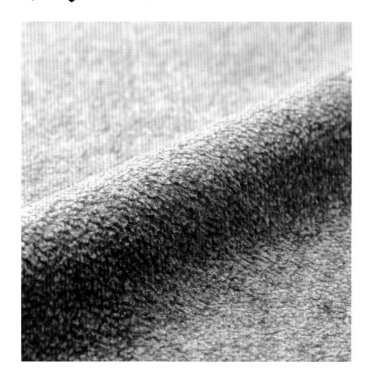

生地特徴

フリースは、ウールに近い暖かさや通気性といった機能を持ち、さらにウールよりも柔らかく、軽量といった性質を持っている。また、様々な特化機能を持たせて、暖かさ、軽さ、コンパクトさなどを持たせたものもある。ただし他の生地同様、高温には弱い。

主な用途

日常、アウトドアを問わず、主にジャケットやパンツなどの保温を求めるウェア類に使われている。その他にも、ブランケット、ソックスなどにも使われている。

アパレル界の
防寒着の革命児

1970年代にアメリカ、モールデン・ミルズ社により天然ウールに変わる生地として開発された。パタゴニアのイヴォン・シュイナード氏と共に、過酷なアウトドアでの使用を想定したウールと同等の機能を持ちつつ軽さなどを追加したパイル素材の改良をベースに「シンチラフリース」を共同開発。1980年代にこれがパタゴニアの主力商品となり、そしてこれがアパレル界に革命を起こした。以降、ポリエステル・フリースは、モールデン・ミルズの創業者「アーレン・フィオレンステイン」によって、フリースの特許を取得しないことに。後に同社はポーラテック社となり、ポーラテックフリースを開発する。

フリースの質感は、各社が出しているシリーズで大きく変わるが、共通点としては非常に柔らかく、滑らか。肌触りがいいため、ナイロンウェアの肌に当たる部分に使用したりすることもある。

フリースの実証実験

引裂強度

負荷をかけ始めるとファブリックが伸びていき4kg程度で少し切れる。5～6kgの負荷でどんどん切れ始めて、8kgまではもたずに完全に切れる。ファブリックの特性上引裂強度は強くない。

撥水・防水機能

水を入れた瞬間からファブリックに染み込み始め、下まで水が浸透して垂れてくる。もともと撥水、防水性能がないファブリックだけに想定通りの結果が出た。乾きやすい素材ではあるため、吸水、速乾性が期待できる。

耐熱性

ローソクに火をつけて15秒程度で急速にファブリックが溶けて穴が開き始める。さらに時間を進め1分間はローソクとファブリックの距離の関係で変化はなかった。熱で溶けた部分は黒く、固くなっている。

擦り切れ強度

5回、10回擦った段階では、ファブリック表面が毛羽立つ程度。起毛したファブリックのため、15cmの幅だと鉛を擦ってもあまり変化が出なかった。回数を増やすとだんだんファブリックが薄くなっていく。

生地の扱いやすさ／針穴の残り具合

細い針、太い針跡共にまったく分からない状態。起毛した生地のため針穴が分からない利点はあるが、2枚以上重なった状態で縫う際はファブリックが動いてしまうので少し練習が必要。また、生地送りもゆっくりにしたほうがいい。

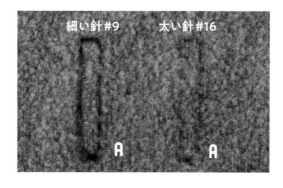

99

丈夫さが売りの自然素材
帆布／キャンバス

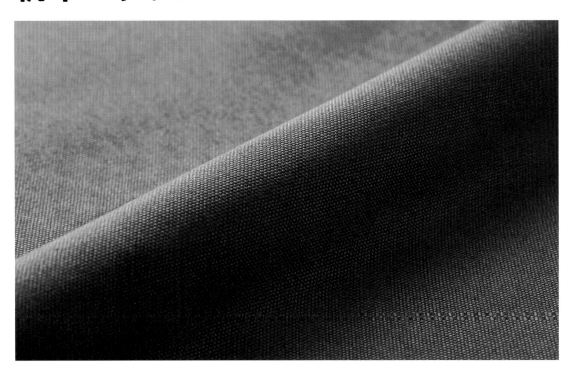

見直されてきた
伝統的自然素材

帆布（別名キャンバス）は、綿や麻で織られた厚手の生地のこと。使用する糸の号数が違う「ダック生地」も、ほとんど同じファブリックになる。日本名の「帆布」は、日本にこのファブリックの技術が入ったときに昔帆船の材料として使われていたことからその名がついた。キャンバスはもともと14世紀に画材や、防具の補強材として使われ始め、その後テントやパラシュート材料、強度を必要とする袋や靴の素材として使われてきた。化学繊維の発展により、現在では主要な用途ではあまり使われなくなったが、風合いの良さや自然素材の利用という思想から多く使われている。

生地特徴

自然素材の風合いと様々な厚さや色のバリエーションがあり、用途に合わせた選択肢が多い。素材の特性上厚手の物は丈夫で、熱にも強いためアウトドアユースとして再評価されている。水を含みやすく乾きが悪く、布自体が重いというデメリットもある。

主な用途

デイユースでは鞄や靴、エプロン、椅子の張り生地に使われ、キャンプ用品では、テントや椅子の張り生地、焚き火に使われるエプロンや小物などに活用されることが多い。

帆布／キャンバスの実証実験

引裂強度

5kgオーバーの負荷でも切れ目にはまったく変化がなかった。8kgの負荷をかけた時点でも、切れ目の両端が少しほつれた程度。生地が厚いこともあるが、非常に強靭なファブリックであることがわかった。

撥水・防水機能

水を入れてからすぐにファブリックに染み込み始めた。その後すぐに濡れたシミが広がり、水を全て吸収しながらポタポタと下まで落ち始めた。写真は全ての水を吸収してしまった状態。

耐熱性

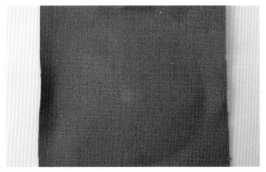

ローソクに火をつけて5秒の時点ではまったく反応がなかった。10秒経過した時点でも、表面はまったく変化がなかったが、裏面を確認すると少し焦げ始めた跡が残っていた。

擦り切れ強度

5回擦った程度ではファブリックにはほとんどダメージがない。その後10回擦った状態で確認をしたら、表面は毛羽立ち始めていたが、コーティングもされていないため写真のようにほとんどダメージがない状態。

生地の扱いやすさ／針穴の残り具合

8号帆布のため、ファブリックの目が粗いこともあるが、細い針の針穴はほとんどわからない状態。太い針の針穴も、光に照らしてみると少し針穴が分かるが、ほとんど気にならない程度だった。

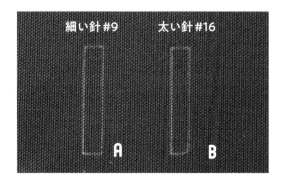

丈夫さに防水機能を追加した自然素材

防水帆布／キャンバス

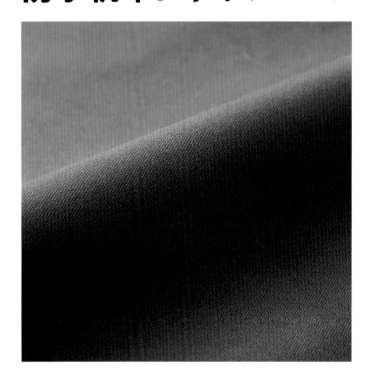

生地特徴

帆布／キャンバス同様、風合いと厚さや色のバリエーション丈夫さ、熱にも強いことがある。それに加えて防水機能を持たせていることが最大の特徴。ただし、防水加工は定期的にメンテナンスが必要な場合が多い。生地自体が重いというデメリットも同様。

主な用途

用途は帆布／キャンバスと同様デイユースでは鞄や靴、キャンプでは焚火周りなどに使われる。さらに防水性が求められるテントやタープ、ジャケットなどに使われる。

防水性を高めた自然素材

防水帆布／キャンバスは、帆布／キャンバスのデメリットである吸水性の対策として防水処理を施したファブリックのこと。特性としてはG-1000やオイルドコットンなどにも近いイメージ。防水方法は大きく分けると3つあり、ローソクの素にもなっているパラフィン樹脂を溶かして染み込ませた「パラフィン樹脂加工」、オイル系などのワックスを塗り込み、熱で溶かして染み込ませた「ワックス加工」、化学的に作った防水液を生地に染み込ませた「化学的加工」の3種類がある。帆布／キャンバスの良さを活かしながら防水性を求めたい人に有効なファブリック。

10号の帆布にパラフィンを染み込ませているため、見た目はパラフィンの白っぽさが全体にうっすらと見える独特な質感をしている。アースカラーが多いため、タープなどを作るのに向いている。

防水帆布／キャンバスの実証実験

引裂強度

3kgの負荷をかけた時点で切れ目の端が少し広がり始め、6kgの負荷をかけた段階で裂ける。10号帆布がベースのため、前の8号帆布とは強度が違うが、避けた状態からの強度はまあまあといったイメージ。

撥水・防水機能

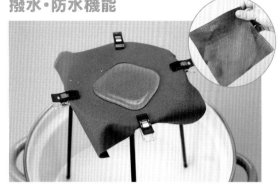

水を入れて5分経過した時点ではまったく変化がなかった。10分経過したら、写真のように少しファブリックに水の染みが残って湿っていた。水が流れ落ちる角度で使用すれば、防水機能を活かせる。

耐熱性

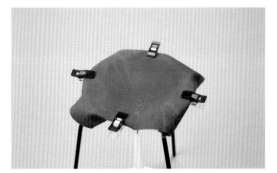

ローソクに火をつけて5秒程度ではまったく変化がなかった。10秒程度でパラフィンが溶けて変色し、15秒経過した時点で煙が出始める。香りが独特なので、おそらくこの煙はパラフィンが焼けたものだと思われる。ファブリック自体はほとんど変化がなかった。

擦り切れ強度

始めの数回で、少しパラフィン加工が擦れたような跡が残った。5回でファブリック自体に擦れ跡が残り、少し毛羽立ってきた。10回擦った状態は少し擦れ跡が増えた程度で、ファブリック自体は丈夫だった。

生地の扱いやすさ／針穴の残り具合

パラフィン加工があるため、針穴の残り方が独特だった。細い針のほうは穴自体分からなかったが、白残りしたため穴の場所がわかる。太い針の針穴は、白残りの他にさらに穴も目視できる状態だった。

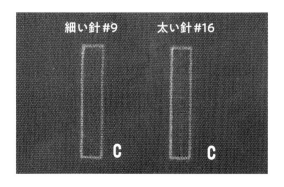

カイコから生まれた超高機能天然素材

シルク

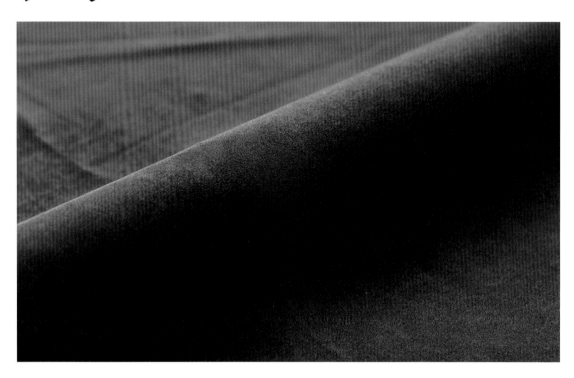

最古の繊維にして高機能
高い吸水性と放湿性を持つ

シルクは、蚕の繭から作られるタンパク質でできた糸を繊維状にした天然の動物繊維の1つ。シルクは最も古い繊維とも言われ、その歴史は長く、およそ5,000年前から中国で絹織物として使われていて、その後シルクロードを通って各国に金と同等ともいわれる価値をもった織物として広まっていった。シルクは天然繊維の中でも高機能で、綿の1.5倍程度の吸水性があり、放湿性もある。繊維の間に空気をたくさん含むため夏は涼しく、冬は暖かいといった特性も持っている。このシルクの高機能に近づけた繊維を低価格で大量生産することを目標に作られた化学繊維がレーヨンなどである。

生地特徴

見た目は天然繊維独特の光沢感がある。肌触りもよく、機能的には、高い吸水性と放湿性、UVプロテクション性能、化学繊維と比べて静電気が起きにくいという3つの特性を持つ。ただし、価格が非常に高く、摩擦に弱く生地が傷みやすいデメリットもある。

主な用途

その機能性から肌に直接触れるものに使われることが多く、デイリーでは寝間着や下着、寝具などがある。アウトドアではシュラフシーツなどに使われることが多い。

シルクの実証実験

引裂強度

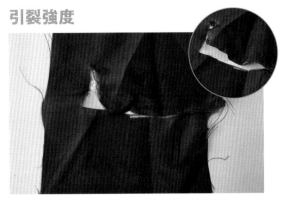

薄いファブリックの特性上、繊維が細いため負荷をかけて0.5kgでファブリックが切れそうになる。1.8kgの負荷をかけた段階で完全に引き裂けた。一度切れ目が入ってしまうと、もともと弱い生地がさらに弱くなってしまう。

撥水・防水機能

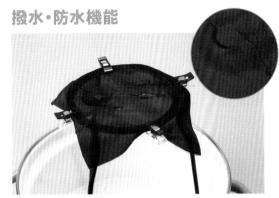

ファブリックに水を入れた時点で染み込み始め、すぐに生地を通り過ぎて水が垂れてしまう。撥水、防水機能はまったくないが、乾きも早いため、素材が持つ吸汗速乾能力をしっかりと見て取ることができた。

耐熱性

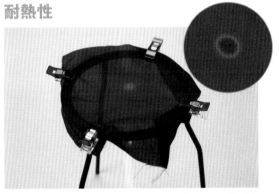

ローソクに火をつけて5秒程度でファブリックの熱が当たっている部分が変色し、煙も出始めた。1分程度経った時点で変色が広がり、中心部は黒く焦げた状態になった。ナイロン繊維が入っていないため、溶けはしない。

擦り切れ強度

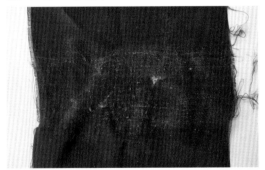

5回程度でファブリックにかなりのダメージが出る。10回擦った時点で一部切れて、さらに生地にダメージが増えたイメージ。もともと繊維が細いため、紙ヤスリが繊維に引っかかって切れていくような感じだった。

生地の扱いやすさ／針穴の残り具合

細い針の針穴は目でよく見ると分かる程度に穴が残った。太い針の針穴はしっかりと残り、かつファブリックが少し伝線してしまうような状態になった。生地に伸びがあるため、縫製の際はまち針などでしっかりと生地を合わせておく。

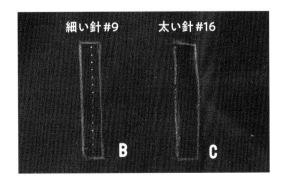

細い針#9　　太い針#16

B　　C

動物の革から生まれた素材
レザー

人類が最も古くから
活用してきた素材

レザー（leather=革）は基本的に動物由来の革のことを指すが、昨今では人工的に作られた合成皮革のことも指すことが多い。天然由来の革は「本革」や「リアルレザー」などといわれ、牛や豚、羊、馬など、様々な動物の革が使われている。本革は人類でもっとも古く活用されてきた素材の1つでもある。厚さや質感、そして加工方法も様々。革本来の色以外にも染めたものもある。合成皮革は、ポリ塩化ビニールやポリウレタン樹脂などの素材で革に似せてつくったものが多く、合皮ともいう。合成皮革は、革のデメリットである耐水性などを持たせており、かつ安価に入手できる。

生地特徴

本革には通気性があり経年劣化で色合いや質感に"味"がでるのを楽しめる。動物の種類や部位により質感が大きく変わるが、価格が高く重い。合皮は、水を弾き汚れにくくて軽く、安価に入手できるが、素材の寿命が短く、経年劣化で表面が剥離する場合などもある。

主な用途

デイリー、スポーツ、アウトドアいずれのシーンもシューズやブーツ、グローブ、補強パーツなどに多用されている。ファッションではジャケットやパンツにも使われている。

レザーの種類

厚さの違いと用途

レザーは、動物の種類やなめし方や部位など、様々な選択肢があるが、厚みも重要になってくる。販売されているレザーの厚さは、おおむね1mmから1.5mm、2mm、と0.5mm刻みで売られていることが多い。厚手のレザーは家庭用ミシンでは縫えないため手縫いが必要。他にも、曲げの難しさなどもあるため初心者には1〜1.5mmがオススメ。この厚さだとカットも曲げも縫製もしやすいため色々なものづくりに挑戦できる。シェラカップのグリップなどで試してみよう。

レザーの使用商品例

チェアの座面に使用

レザーは張りがあるのに使えば使うほど身体に馴染むので、写真のように座面の使用に最適。座面や平面をレザーに変えてくれる専門会社なども昨今は増えている。

ガス缶カバー

外気が下がってもガス缶内の温度低下を多少防いでくれる他、見栄えも大きく変えられるアイテム。レザーは熱に強い（限界はある）ので、こういった火器のパーツにも使われる。

メリノウール

保温・防臭・通気性能に長けた天然素材

アウトドアにおける
最強天然素材のひとつ

　メリノウールは、オーストラリアやニュージーランドで飼育されているメリノ種という羊の毛を使った、ウールの中でも高級な部類に入る動物繊維。ウールの種類はカシミヤヤギの毛を使ったカシミヤ、アンゴラヤギの毛を使ったアンゴラ、その他にアルパカ、キャメル、そしてそれらに近づけるために作られた合成繊維のアクリルなどがある。そのウール（合成繊維含む）の中でも繊維が細くて柔らかいため、他と比べて肌触りが良い。メリノウールの中でもさらに繊維が細いものはエクストラファインメリノウールと呼ばれている。天然繊維の中でも特徴的で高い機能を持つため、アウトドアブランドでも率先して使われている。

主な特徴

メリノウールの主な特性は4つで、「保温性」「防臭力」「通気性」「肌触り（他のウールと比べた場合）」がある。さらに、生地の厚みや加工に工夫を加えて季節を問わず使える。摩擦で毛玉ができやすく、保水した水分は化学繊維と比べて乾くまでのスピードが遅い点もある。

主な用途

アウトドアにおいてはアンダーウェア、ベースレイヤー、アウター、ソックスや帽子、バラクラバなど様々なウェア類、特に肌に直接触れる部分に使われている。使い方には少しコツが必要で、ストップアンドゴーが多いスポーツでは汗を短時間に大量にかくため汗冷えの心配が出てしまう。そのため、ゆっくり動く、アクティビティーには適している。

メリノウールの代表使用例

ジャケット

アウターやミッドウェアとして使えるジャケット。比較的厚手に作られていて、風は通すが抜群の保温性と、フリースよりも軽量ながら高い保温性を発揮する。

アンダーウェア/ベースウェア

肌触りが良く、防臭力が高いため、アンダーウェアやベースウェアとしても有効。様々な厚さのラインアップがあり、外気温や運動量でチョイスができる。

バラクラバ

厳冬期の登山などに使う、目だけ出ている顔の保護アイテム。高い保温性の他に、肌触りが良いため、長時間使用しても疲れにくい。

グローブ

「保温性」や「肌触り」の効果から、アンダーグローブなどにも最適。天然素材独特の伸縮性から、手にフィットしていて細かい作業もしやすい。

Tシャツ

汗の乾きはゆっくりだが、激しい運動量がなく短時間で大量の汗をかかない際には肌触りが良くて最適なTシャツ。普段着としても着用しやすい素材感。

ソックス

「消臭性」と「保温性」の他に、「クッション性」も高いことから、登山ソックスにも最適な素材。最近では、通気性を加えた夏用などもある。

メッシュ／保温系素材

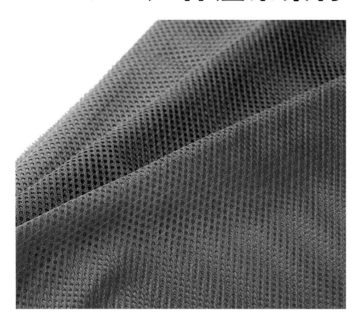

生地特徴

メッシュ素材は、通気性が高く、さらにメッシュの細かさや伸縮性の有無、生地自体の厚さなどで用途の幅が広い。紹介する代表的なメッシュ以外にも様々な種類がある。

主な用途

バックパックの背面やショルダーハーネスの蒸れ防止として。他にもポケットやスタッフサック、テントのメッシュ部分などに使われる。

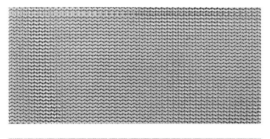

NO-See-Um（ノーシーアム）・メッシュ

No-See-Umの意味は、「目に見えない虫」で、その名の通りメッシュの目が非常に細かく蚊などの小さな虫も通さないメッシュのファブリック。1平方メートルでおよそ25gと非常に軽い。テントメッシュに最適。

ミディアム・ハンド・メッシュ

ポリエステル製で吸水しにくい素材の中厚手のメッシュ。1平方メートルでおよそ120gと少し重量感はある。目は大きめで伸縮性があるので制作時は注意。バックパックのポケットやULのショルダーハーネス等に最適。

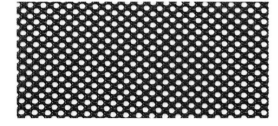

ソフトライニング・メッシュ

ミディアム・ハンド・メッシュよりも薄手のメッシュ素材で、重さは1平方メートルでおよそ90g。柔らかくて強度があるため、バックパックやサコッシュのポケット、ウェアの内ポケットなどに最適。

アウトドアウェアやテント、バックパックや小物類を作るときに欠かせないのがメインファブリック以外の素材たち。このページでは、使用頻度が高いメッシュ類や保温に役立つ素材を紹介します。

これらの素材は多岐にわたるので代表的なものの紹介となりますが、これらの素材を使いこなすだけで幅広いアイテムの製作が可能です。簡単に入手可能な中綿などの保温類は、一見使いこなすのが難しそうですが、少し練習するとすぐに慣れるので率先して使ってみましょう。

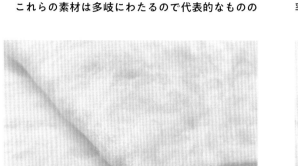

プリマロフト

プリマロフト®は、もともとアメリカ軍の要請を受けてALBANY社が開発した、ダウンに代わる素材。ダウンのように軽く暖かい保温性と柔軟性を持ち、さらに撥水性も持っている。厚さや性能など多種あり。

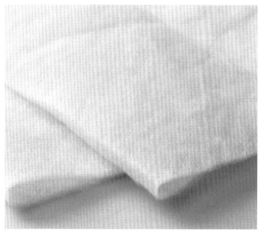

シンサレート

シンサレート™は、3Mが開発した高機能中綿素材。名前はThin(薄い)とInsulate(断熱する)を合わせたもので、機能性が名称になっている。マイクロファイバーの細い繊維が空気を含み、断熱性と保温性に優れている。

アストロフォイル

NASAを中心に宇宙開発で確立された遮熱理論をもとに開発されたアルミ遮熱素材。ポリエチレン樹脂製エアキャップの両面に純度99％のアルミ箔を貼ったもので、反射率が97％以上あり、高い保温力と、保冷能力を持つ。4mmと8mmの2種類の厚さがあり、4mmのほうは、曲げや加工がしやすいが、8mmのほうは2倍厚い分アウトドア系の自作には扱いにくい。アルミの下はエアパッキンのため、穴が開いてしまうと能力低下に繋がる。

ロープ類

Φ2mm

Φ1mm

ラウンド・ドローコード

ナイロン製で、断面が丸いロープ。写真は約1.5mmと2mmの太さで、強度は他のコード類と比べたら劣るが、価格帯も安いため使いやすい。巾着の中に通すなど、強度を必要としない場所に向いている。

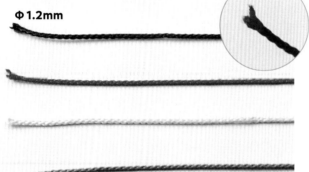

Φ1.2mm

ポリエステルコード

ポリエステル製のロープ。水に濡れてもほとんど伸びず、コード自体にコシがある。引裂強度がおよそ50kgf(=約50kg)で、過酷な環境でなければタープやシェルターのガイラインなどにも使用可能。カラー数が豊富。

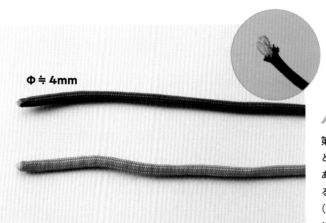

Φ≒4mm

パラシュートコード

第二次世界大戦時に、パラシュート用のコードとして開発されたロープ。軽量性と耐久力があるため、現在もアウトドアシーンで活躍するロープ。アクセサリー用から、およそ250kg(=550lb(ポンド))の耐荷重まであるので用途にあわせて選ぶこと。

ロープ類は、MYOG（Make Your Own Gear = 道具の自作）以外にもシューレース切れ、ドローコード忘れやブッシュクラフト、エマージェンシー時の対応など、様々なシーンで活躍する素材です。

様々な機能や太さがあり選択肢が多いため、自分がどの部分にどのように使うのか？そこにはどのくらいの負荷がかかるのか？などを考えながら選ぶのが楽しいツールです。アウトドアギアやウェアの縁の下の力持ち的存在の素材を、まずは巾着のロープ交換などから試してみよう。

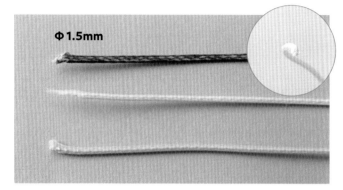

ダイニーマ®コード

ダイニーマ繊維100％のロープ。ダイニーマが持つ軽量性と強靭性があり、直径1.5mmと細いながらも引裂強度が約230kg（=230kgf）ある。始めは少し張りがあって使いにくいが、使ううちにしなやかになっていく。価格は少し高い。

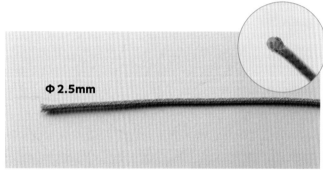

リフレクティブガイライン

芯の部分にポリエチレン繊維、外皮には反射糸を織り込んだ細引きロープ。素材的に保水しにくく結び目が解きやすいのも特徴。光が当たると反射するので、テントやタープ、シェルターなどの張り綱の使用に最適。

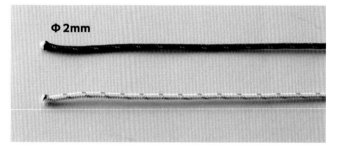

ダイニーマ®・リフレクティブ・ガイライン

軽量性と強靭性があるダイニーマ繊維を芯にしたロープ。外皮部分には夜間でも視認性の良い光に反射する素材の模様が入っている。強靭性と視認性から、テントやタープの張り綱などに向いている。写真は直径2mmの2色。

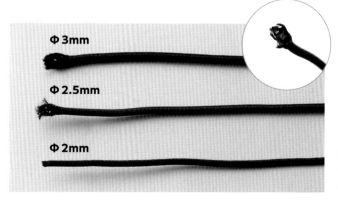

ショックコード

一般的な手芸用のゴムコードよりも伸縮強度や耐久性があるゴムロープ。写真は直径2mm、2.5mm、3mmの3種類。バックパックの表面やサイドに取り付けたり、キャンプテーブルの補修など活用の幅は広い。

テープ類／面ファスナー

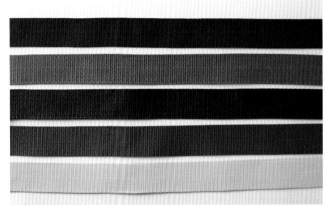

ポリプロピレン（PP）テープ

ポリプロピレンテープは、軽量で強度がある
テープで、カラーバリエーションも多い。また、
吸湿性が少なく濡れても早く乾くため、腕時計
のテープや犬の首輪、その他濡れる可能性が高
い場所に向いている。価格も安い。

ポリプロピレンテープ
は、横Ⅴ字柄が並んだ様
な杉綾織（すぎあやおり）
と縦縞模様の平織の2種
類がある。写真は平織タ
イプ。

ナイロン・ウェビングテープ

強度があるナイロン製のテープで、ポリプロピ
レンテープと比べてしなやかで手触りがよいの
が特徴。テープ幅の種類が非常に多く、プラス
チックパーツとも組み合わせやすく、その他に
もパンツのベルト、キャップの形維持用など活
用の幅が広い。

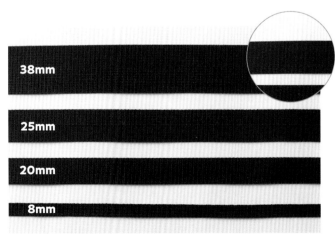

コーデュラ®テープ

コーデュラ®テープは、耐久性や摩耗性に優れ
たCORDURA®ナイロンを使ったテープ。柔ら
かくてしなやかな肌触りなのに強靭で、テープ
幅のバリエーションも豊富なので活用の幅が広
い。バックパックのバックル類などに使用。

　テープ類や面ファスナーは、ウェアやバックパックなどで破損や傷みが出ることも多くあり、補修や交換などにも使うことが多いパーツです。

　また、テープ類は素材や幅に合わせて使いこなすと、バックパックのチェストベルトやハーネス部分、さらにテントのパーツ等として特徴を持たせたMYOGが可能です。また、面ファスナーは、ジッパーよりも縫い付けが簡単なのでサコッシュやお財布など、蓋をとじたい部位があるMYOGの際に便利です。

グログランテープ

ポリエステル製で、他のテープ類と比べて薄手のグログラン織（うねりのある平織）のテープ。薄いのに軽量で強度があり、さらに乾きやすいのが特徴。そのため、テントやタープのペグ用ループ、生地周囲に挟み込んで縫う補強など、活用の幅は広い。

面ファスナー

面ファスナーは、起毛の面（ループ）と固い突起がある面（フック）を合わせるとくっつき、ファスナーのように使える。「マジックテープ®」は株式会社クラレの登録商標テープ。幅とカラーバリエーションが豊富。

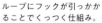
ループにフックが引っかかることでくっつく仕組み。

カラーバリエーションが豊富で布色に合わせやすい。

一体型面ファスナー

一般的な面ファスナーがフックとループの2枚1組みなのに対して、フックとループ両方がテープの表面にある一体型の面ファスナー。その他にも、フックとループが1枚のテープの表と裏にあるタイプもある。

ファスナー類

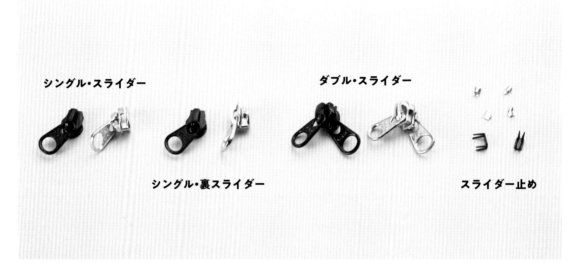

シングル・スライダー

ダブル・スライダー

シングル・裏スライダー

スライダー止め

裏スライダー

スライダー

スライダーは使用目的に合わせて選ぶ。写真の
シングルスライダーは一見同じだが、通常使用
するのは右で、止水ファスナーに使うのは左に
なる。「スライダー止め」は、ファスナーを好き
な長さで使用する際に用いる。

止水ファスナー／
YKK®#3 アクアガード

止水ファスナーは、ファスナーの裏側にポリウ
レタンなどのフィルムをラミネートして、表面
からの水を防いでくれる（完全防水ではない）。
取り付け時に間違えないように注意するのはス
ライダーで、使用するのは裏スライダーになる。

ファスナーの種類は多く、本体噛み合わせパーツが金属の「金属ファスナー」、コイル状の樹脂の「樹脂ファスナー」、樹脂のパーツの「ビスロンファスナー」などがあります。また、サイズは数値で表されていて、数字が小さいとサイズも小さいです。

タイプもスライダーを動かして止まるタイプ、すべて開いて外れるタイプなど多数。スライダーを自分で取り付けるタイプのファスナーは、ファスナー自体を好きな長さで購入できるので、テントの入り口など長く使用する際に適しています。

コイルファスナー／
YKK®#3

コイルファスナーは、樹脂製のパーツが使われたもので、テント、バックパックなど汎用性が高いタイプ。特に♯3はスライダー単体などでも購入しやすく、強度と軽さのバランスが良く使い勝手も◎。

フレックスニット・ファスナー
／ YKK®#3

フレックスニットファスナーは、ファスナーパーツにある布部分が薄くてソフトなニットテープを使用している。そのため、伸縮性があり、カーブ部分にファスナーを取り付ける際に作業がしやすい。

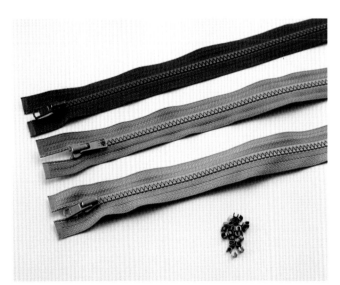

ビスロンファスナー／
YKK®#10

ビスロンファスナーは、樹脂を射出成型して作られたファスナーで、テープにひとつひとつ樹脂のレールがくっついている。長さを変える際は、専用の留め具を使って調整する。ウェアのファスナーなどに向いている。

プラスチックパーツ①

ウェビングフック

フックの先端がカギ状になっているので、輪にしたテープなどを引っ掛けて使えるフックになっているパーツ。フック部分にテンションをかければ簡単に外れない。プラスチックパーツなので強度に限界はある。

クリップフック

コード類をパーツの両サイドのフックに引っかけられるパーツ。フックの片方は入り口が出なくなっているため、外れにくくなっている。バックパック側面やフロントなどに付けるバンジーコードの交差部分などに有効。

ラダーロックタイプ

パックフック

片側はテープ類で固定し、反対側のフックにコード類をかけることができるパーツ。ラダーロックタイプは、テープ類の調整も可能になる。バックパックのサイドやフロントなどのコードの取り外し可能な折り返しに使用。

その他フック類

様々な用途に使えるフック。バックパックやサコッシュの内部に取り付けてカギなどを引っかけておくために使ったり、グローブの裾に取り付けてコード類をかけて風飛び防止コードなどにも使える。

プラスチックパーツは、実にたくさんの種類があり、「こうなったらいいのにな…」「ここをこう使いたいな…」を簡単に解決してくれる、重要で今や無くてはならない存在。

プラスチックパーツ類を使用するときに気をつけることは、「正しい使い方で使用する」「プラスチックパーツと使うテープやロープのサイズを合わせる」の2つが基本となります。また、いくら強力でもクライミングなどには対応していないため、耐荷重などにも限界があることを意識して使用しましょう。

トライグライド

テープ類を写真の向きで下、上、下で通し、さらに同様に折り返して通すことでテープの長さを固定、調節するためのパーツ。末端の長さが決められない、長さを変えたいときに有効。テープ幅に合わせて使う。

ウォッチバンドバックル

名称通り、時計のバンドを作るときなどに向いているパーツ。中心のボタンを押すと左右のパーツが分かれる。写真左はテープを縫って固定し、右は通して長さ調節が可能。薄手のテープを用いる場所すべてに使える。

サイドリリースバックル

本体両サイドを押し込むことで2つに分かれるプラスチックパーツ。テープを通して使用するパーツで、片側はテープ類を通して縫いどめし、反対側は長さの調節ができる。軽量化のために肉抜きされたものもある。

ラインロックサイドリリースバックル

「ラインロック」とあるように、調整可能な部分が細いロープを通して使えるサイドリリースバックル。固定側はテープ類を入れて縫いとめて、調整側はロープになるので軽量化、シンプル化することができる。

プラスチックパーツ②

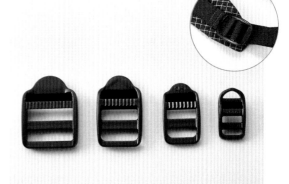

ループ・ロック（角カン）

トライグライドなどと併用して肩紐などを調節可能にするために使う道具。はじめにループ・ロックにテープを通し本体にとめたら、調節したいテープをループ・ロックに通して折り返しトライグライドに通す。

ラダーロック

テープの長さ調整したいときに使うパーツ。テープの片端は縫いどめし、反対側はテープをロックしながら長さ調節が可能。テープを引っ張ると締まり、本体の先を持ち上げるように傾けると緩めることが可能。

Dリング

見た目がアルファベットの「D」の形をしているのでDリング（Dカン）という。テープ類を付けてキーホルダーなどに加工したり、フックや簡易カラビナをかけるためのパーツとして取り付ける。

テント・ガイライン・アジャスター

片側にテープを通して固定し、反対側にロープをかけて調整可能にするパーツ。テントやタープの四隅のペグループの代わりに取り付けて、調節可能なロープをペグにかけることで微調整を楽にするなど使用の幅は広い。

前ページにも記しましたが、プラスチックパーツは種類が非常に多く、用途の他にも見た目や軽さ、使い勝手なども想定しておく必要があります。

このページに出てくるプラスチックパーツは、テントやタープ類にも使えるパーツがあるので、これらを使用することで市販製品と遜色がない高性能なものを作り出すことができます。

もしもテントやバックパック、ウェアなどを破棄する際は、プラスチックパーツを外してストックしておくのもオススメです。

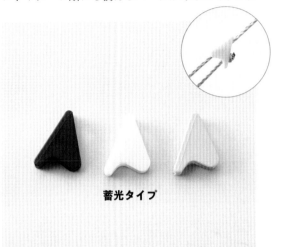

蓄光タイプ

ミニラインロック

ラインロックは、いわゆる「自在金具」のことで、テントやタープの張り綱（ガイライン）の張り具合を調整するために取り付ける軽量なパーツ。使用するロープの太さ、滑り具合はフィット感を確認してから使う。

コードロッカー（コードストッパー）

内部にバネがあり、押すと穴ができて緩めると穴がきつくなるパーツ。コードを通し、好きなところで留めることが可能。巾着や帽子の口に通っているロープや、バックパックのポケット部分に通したコードに使われる。

コードエンド

取り付けたコード類の末端の毛羽立ち防止、または通した2本を結ばずに固定するためのパーツ。ウェアなどに通ったバンジーコードに使用した場合は、持ち手の代わりにもなり、操作性も向上する。

ジッパータブ

ジッパーのスライダーに取り付けることで、スライダーがコンパクトなタイプでも操作性を向上させるために取り付けるパーツ。種類が豊富で、長さ、サイズ、材質、形状などから使いやすいものを使用する。

アウトドアファブリックの
メンテナンス方法
メンテナンスは高機能と長持ちさせる最大の秘訣！

そもそもメンテナンスは必要なの？

　アウトドアファブリックは、その名の通りアウトドアで使用するため、果実や草花の擦り染みや雨、泥やホコリ、使用者の汗、皮脂、血液など様々な汚れにさらされています。非常に劣悪な環境で使われているにもかかわらず、「高機能素材＝メンテナンスフリー」「洗濯してはいけない」と勘違いされがちですが、むしろノーメンテナンスで保管しながら使用しているとファブリックの劣化を早めてしまうことになりかねません。高機能を保ったまま長く使用したい場合は、メンテナンスは欠かせないのです。

メンテナンスは2つの視点で考える

　このページでは、メンテナンス方法を考える際の分類方法などをシンプル化して説明していきます。

シンプル化するのに大切なのは、「どんなファブリックか？」「どんな製品か？」の2つで考えることです。そこから、この2つの組み合わせでメンテナンス方法を考えていきます。分類方法の「どんなファブリックか？」は、大きく分けると天然繊維と化学繊維で分けられ、実際はさらにファブリックによって大きく扱い方が変わります。「どんな製品か？」は、ウェア類か、それ以外かで分けるとメンテナンスがしやすくなります。ウェア類はおおよそ同様のメンテナンスで大丈夫ですが、それ以外は、シューズ、テント、タープ、バックパック、シュラフなどによってまったく異なったメンテナンスが必要な場合があります。

　このページでは、主にウェア類をベースに、メンテナンスの3大要素といっても過言ではない、汚れを落とす「洗濯方法」と機能を回復させる「撥水回復方法」、そして長持ちするかどうかが決まる「保管方法」の3つの項目を説明していきます。

洗濯方法

洗剤を残さないこと、洗濯中の摩擦ダメージを減らすことが最大のポイント。

基本的には洗濯表示の通りに洗濯をすればいいが、防水透湿素材に関しては少し気をつけることがある。防水透湿素材のウェア洗濯方法は次の通り。
洗濯準備
全てのファスナー、フラップ類は閉める。
洗濯機で洗濯
衣料用液体洗剤を少なめに使用し、40度以下のぬるま湯で洗濯をする。すすぎは2回以上行い、脱水は短時間で行う。粉末洗剤や漂白剤、柔軟剤は使わず、洗剤を生地に残さないイメージで洗濯をする。
乾燥
日陰の日干しがベター。乾燥機なら中温で乾かす。

一般の中性洗剤を使う場合は、柔軟剤や漂白剤が含まれていないものに。柔軟剤などのシリコンオイルが含まれると撥水力が低下してしまう。

ファスナーを閉めて裏返しにし、洗濯ネットに入れて洗う。脱水は短時間でするか、しないで水分をタオルで拭き、陰干しで乾燥させる。

撥水回復方法

使用しているとどうしても撥水性が落ちてきてしまう。撥水機能の回復は、洗濯をして乾燥後に熱をかけることでできます。基本的な方法は次の通り。

アイロンでの撥水機能回復
アイロンを低温、スチームなしの設定で、ファブリックに当て布をしてアイロンを短時間でかける。

乾燥機での撥水機能回復
乾燥機で乾燥後、さらに15分～20分程度低温で温風乾燥させる。

その他
上記以外でも、洗濯時に液体タイプか、乾燥後にスプレー式の撥水剤を使うことでも可能。

撥水性能を持ったファブリックは、主に熱処理をすることで機能が回復する。

洗面器やバケツに10倍の水で希釈した撥水加工剤を入れ、あらかじめ洗濯などで汚れを落としたウェアを1時間ほど浸す。

ウェアは洗濯か乾燥機にかける度に低温でアイロンがけしよう。熱で生地表面の起毛が立つことで、撥水力を回復させることができる。

保管方法

アウトドアファブリックの2大天敵には、「湿気」「紫外線」がある。これを可能な限り防ぐことで製品を長く使うことができる。

湿気を防ぐ
湿気を防ぐためには、保管場所が「湿気の溜まり場所」にならない場所にするのが重要。可能な限り畳まずに、さらにタンスやクローゼットの除湿剤なども活用して、乾燥状態を維持できるようにする。

紫外線を防ぐ
紫外線は主にファブリックの変色に繋がってくる。保管の際は、基本クローゼットなどで日光を防ぐか、難しい場合は布などをかけておく。

ファブリックの天敵をどのくらい避けられるかで長持ちするか決まる。

使わない衣類はケースやタンスにしまいがちだが、できればアウトドアウェアは畳まずに収納したい。乾燥状態を保てるようにしよう。

寝袋などはコンプレッションバッグに入れたままだと羽毛が膨らみにくくなる。メッシュなどの通気性のある袋でゆったりと保管したい。

テントやバックパックの場合

テントやバックパックの場合は、ウェア類と少し変わってくる。参考までに次の事を実践してみよう。
洗濯：基本はしないが汚れが酷い部分だけピンポイントで洗う。あまりにも酷い場合のみバスタブなどで手洗いする。

撥水回復方法:スプレー式撥水剤を使ってしっかりと吹きかける。
保管:ウェアと同じで、湿気と紫外線を防ぐようにする。

PART3
BASICS OF SEWING & EXAMPLES OF MYOG

縫製の基本と
MYOG作例集

アウトドアファブリックの知識を深めたら、その知識を道具選びだけで
使うのはもったいないことです。自作でアウトドアギアを作ってしまう
「MYOG（Make Your Own Gear」の世界に飛び込んでしまいましょう。
ここでは縫製の基礎知識から、5つのファブリックアイテムの作り方を
紹介します。

縫製の基本

縫製ができると自分が思うままに欲しいアウトドアアイテムを作ったり、破損したアイテムを補修したりと世界が広がります。ここでは、糸や針の種類からミシンの使い方までの基本を紹介します。

糸と針の太さの違い

① ② ③ ④

①普通地用 #60

基本となる太さの糸。普通地（＝シーチング、オックス、コットン、麻など）に向いていて、ミシン針は中厚地用などと相性がいい。

②厚地用 #30

一般ミシン用の中では太めの糸。厚地（＝デニム・帆布など）に向いていて、ミシン針は厚地用やデニム用などと相性がいい。

③薄地用 #90

かなり細めの糸。薄地（＝ジョーゼットやシフォンなど）の柔らかくて薄い生地に向いている。ミシン針は薄地用と相性がいい。

④レザー用

一般ミシンにおいては薄手のレザー用の糸。伸縮性があり、皮革によくなじみ、かつ通常の糸よりも丈夫で摩擦にも強いのが特徴。

針と糸には相性がある。糸が薄地用ならば薄地用の針を使うといったように、その都度最適な針に変えていく。写真は中厚地、厚地、薄地用の針。

ベーシックな針では対応できない場合がある。そんなときは、デニム用やレザー用を使用する。全ての針は、自分のミシンに合うタイプを使うこと。

基本的なミシンの構造と名称

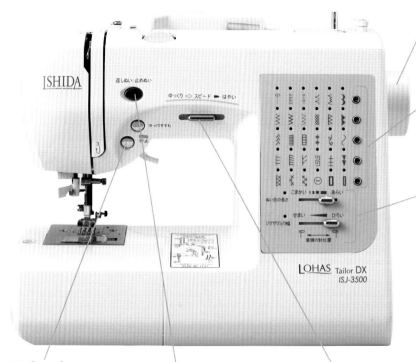

はずみ車

手で手前に回すと針が上下する。1針ずつ縫いたいときや針の取り替え時などに使用する。基本位置には印がある。

模様案

縫い目の模様の柄表記があり選択ができる。ミシンによっては液晶表記で選べるものや、柄ごとにボタンがあるものもある。

機能選択ボタン

縫い目の長さ（ピッチ）やジグザグ縫いの幅などを調整できるレバー。ミシンによっては回すボタンタイプなど色々ある。

スタート・ストップボタン

縫う、止まるの操作を手元で行うボタン。ミシンによっては別売で足踏み式のレバーがある。これがあるとより楽に縫える。

返し縫い

ボタンを押している間は、逆方向に縫うことができる。離すと止まる。縫い始めと縫い終わり、強化したい部分などに使う。

スピード調整

左右にスライドさせることで、縫うスピードを調節できるレバー。ミシンによって最大スピードの速さが違うので、事前に試しておくと使いやすくなる。

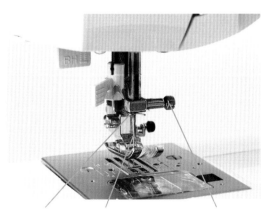

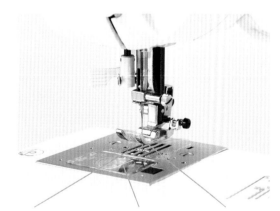

針棒糸かけ

針に糸を通していく際に、上糸（ミシンの上部からくる糸）をかけるところ。かけ忘れると綺麗に縫うことができないので注意。

針

家庭用の一般ミシンは、布の厚さや用途で針を変える。針はへたってきて折れてしまった際に交換できるように予備を用意しておく。

針止めネジ

針を固定するためのネジ。針を取り替える際に使用するもので、ネジが緩いと縫い途中で針が取れてしまうので縫う前に確認しておく。

送り歯

セットした布を送るパーツ。この送り歯が前後することで布を送ってくれる。ミシンによっては送り歯の出具合の調節もできる。

ボビンカバー

ボビン（下糸）をセットする釜（ミシンで布を縫うための心臓部的な場所）の蓋。たいがい小さなレバーを引くと開けることができる。

押さえ金

布を上から押さえるためのパーツ。ファスナーや滑る布など、縫うものや縫い方に合わせて交換する。押さえはメーカーにあったものを使う。

ミシンの基本的な使い方

▶針をセットする

針の向きを合わせて、ミシン本体の針の差し込み口に針を入れる。このとき、針はしっかりと奥まで差し込むようにする。針の向きなどはメーカーによって違う。

針止めネジをしっかりと締める。はじめは針を奥に差し込んだまま押さえ、針が落ちないようにしてからネジを締める。最後に針が簡単に抜けないように締める。

▶糸をセットする

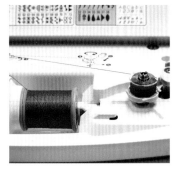

下糸を巻くボビンをセットして、自動糸巻きで糸を巻く。元の糸は、上糸をセットする位置に糸をはめ、各メーカーのミシンの説明に従ってボビンに糸をセットする。

ボビンカバーを外し、ミシン内の釜に下糸を巻いたボビンをセットする。セット後は、各メーカーのミシンの説明に従って糸をかけながらセットしていく。

ボビンカバーをはめた後、はずみ車を回して下糸を出す。下糸の出し方は各メーカーの説明に従って行う。上糸、下糸がセットできたら糸を後ろにまわす。

糸通し／紐通し

糸通しは針に糸を通すために使うもので、始めに糸通しを針に通し、通した部分に糸を通して引く。紐通しは、巾着に紐を通すためにつかう道具で、紐をセットして使う。

▶基本の縫い方

縫い始め

押さえ金を上げて布をセットし、縫い始めの位置に針を落とす。縫う際は押さえ金を落として好みのスピードで縫い進めていく。

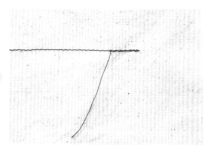

返し縫い

縫う際は、布に軽く両手をあててコントロールしていく。縫い始めと縫い終わりは、写真左のように返し縫いをしておく。

▶ミシンを活用しよう

ピッチの違い

縫う際は、縫い目の長さ（ピッチ）を調整してから縫う。一般的には、薄地はピッチを狭くして、厚地はピッチを広くする。

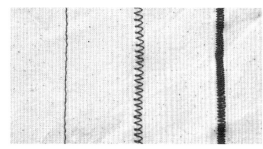

モードの違い

直線縫い以外にも、縫い方やピッチを変えると仕上がりや強度出しにバリエーションが増える。写真は左から直線縫い、ジグザグ縫い、幅が狭いジグザグ縫い。

ガイドを活用しよう

ミシンにある金属板部分には、たいがい5mm、7mm、10mmなどの幅が分かるガイドがついている。ガイドを活用すると、線を引かなくても正しい幅で縫える。

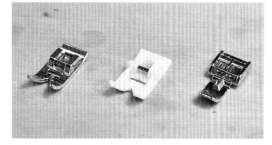

押さえ金の種類

押さえ金の種類は多数ある。始めに準備しておきたいのは写真の左から普通押さえ、スムース押さえ（滑りが悪い布用）、ファスナー押さえ、の3種類。

PART3
BASIC ABOUT SEWING

基本的な道具と使い方

ファブリックアイテムを作成するためには、「デザイン」「線を引く」「長さを測る」「切る」「とめる/押さえる」など様々な作業があります。それに伴い様々な道具と技術が必要になります。

かく道具

生地に「かく」ための道具も、生地の特性や引く線によって変えよう。

コンパス
チャコペン（チョークタイプ）
チャコペン（鉛筆タイプ）
チャコペン（マーカータイプ）
油性ペン

色の使い分け

生地の色によってチャコペンも使う色が変わる。できるだけ生地色に対して目立つ色を選んで使おう。それだけで作業効率が変わる。

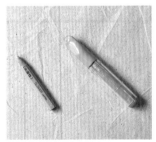

ペンタイプの使い分け

オールマイティーな「鉛筆タイプ」、見やすさと細い線なら「チョークタイプ」、くっきりした線なら「マーカータイプ」などがある。

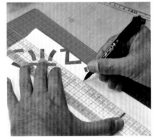

時には油性ペンも有効

アウトドアファブリックは、一般的なチャコペンでは線が残りにくいことも。そんなときは油性ペンが有効。

曲線にはコンパスを

コンパスは、円を描いたりカーブを描くのに有効。鉛筆が入れられるタイプがあるとチャコペンや油性ペンとの相性もいい。

測る道具

どこをどのように測り、線を引きたいかで使う道具と使い方が変わる。

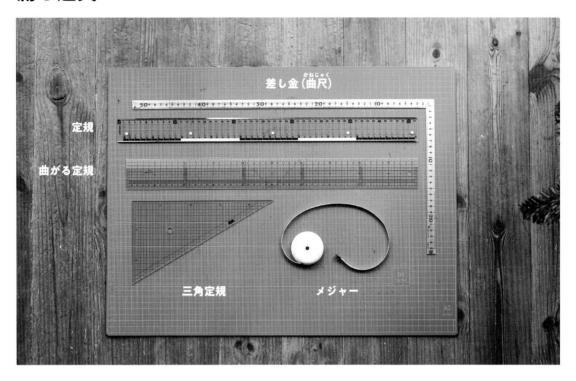

差し金（曲尺^{かねじゃく}）

定規

曲がる定規

三角定規　　　　メジャー

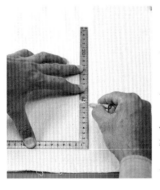

直角を測る／かく

直角を見たり、線を引くには差し金が有効。使うときは、始めに基準となる線を引き、そこに差し金を合わせて直角を出す。

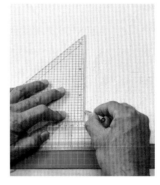

平行線は組み合わせ技

定規と三角定規を使うと、平行線を引くことができる。基準となる線に定規を当てて、そこに三角定規をセットすれば引ける。

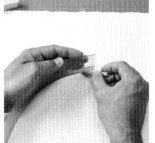

曲線は曲がる定規で

円の円周を測ったり、点を付けたカーブを描くときなど、曲がる定規は非常に便利。これである程度円周の計算などをしなくてOK。

長物や人体を測るとき

人間の体や大きな物、生地を1m単位で計りたいときはメジャーが断然便利。1mm単位で出すのは大変だが、5mm単位なら有効。

切る道具

切る素材、場所、長さ、形、シチュエーションで道具を使い分けよう。

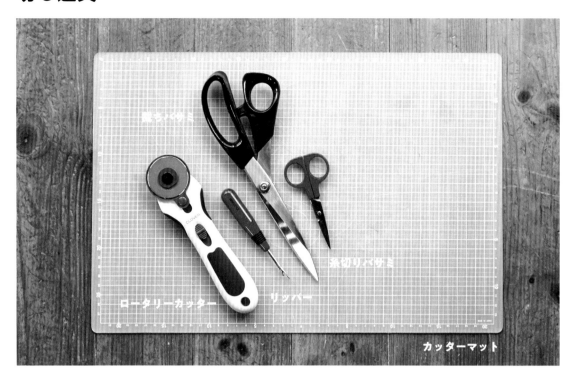

裁ちバサミ
ロータリーカッター
リッパー
糸切りバサミ
カッターマット

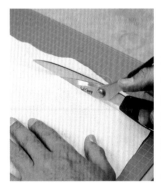

オールマイティー ハサミ

裁ちバサミは布を切るためのハサミで、だれでもすぐに使える。薄物でも厚物でも、直線でも曲線でも自由に切ることができる。

大きく切るなら ロータリーカッター

細かい作業は苦手だが、大きく切るなら断然効率がいい。また、1m定規を当てて直線で切るときなど、布を浮かせないので正確で楽。

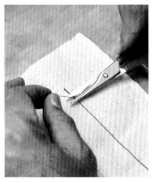

糸を切るなら 糸切りバサミ

形はいろいろあるが、糸切りなら糸切りバサミが断然いい。糸の根元で切ったり、縫い終わりの切り作業などフットワーク抜群。

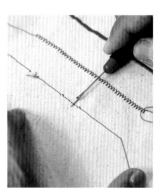

糸を解くときに 活躍

リッパーは、ミシンで縫った場所をいちど解くときに使う。間違えて布を切ることなく確実に縫い目の糸を切ることができる。

とめる道具

「とめる」とひとくちに言っても様々。用途で使い分けよう。

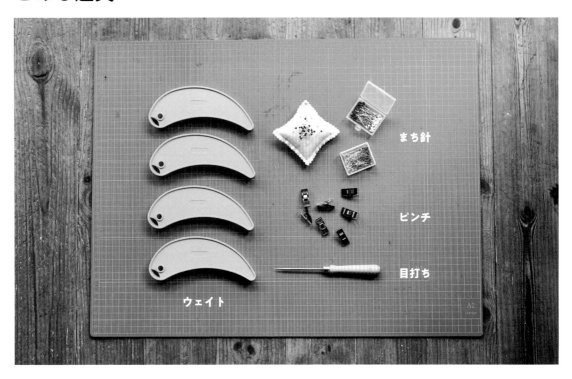

まち針

ピンチ

目打ち

ウェイト

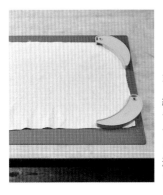

布を押さえる

線を引いたり計ったりするときに布を押さえておく重石。書道で言う文鎮の役割と同じ。形はいろいろあるが布を傷つけない物を。

複数枚の布をとめる道具1

複数枚の布を重ねたあとに、布がズレないようにとめておくまち針。複数本刺して使い、縫う際は1本ずつ抜きながら進めていく。

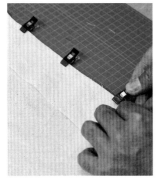

複数枚の布をとめる道具2

まち針では針穴が残ってしまう場合などに使うのがピンチ。小型で強力なので、多少のことではズレないが、まち針のほうがズレにくい。

細かい作業は第三の手

目打ちは、ミシンで縫う際に指では押さえきれない、コントロールしきれない細い/小さい場所で使う。使い方はまさに指で布を押さえるのと同じ。

自分好みの使いやすさを追求できる
X-PAC ウォレット

材料費
約2000円

街、旅、山に最適な
ザックリ長財布

アウトドアシーンで使う財布は世の中にたくさんあるものの、どれを使っても完全にフィットするものがないことも……。今回は、海外遠征も、山も、キャンプも、タウンユースにも最適な財布を紹介！見かけは長財布だけどポケットに入れるときは半分に折ってコンパクトに持ち運びができる。

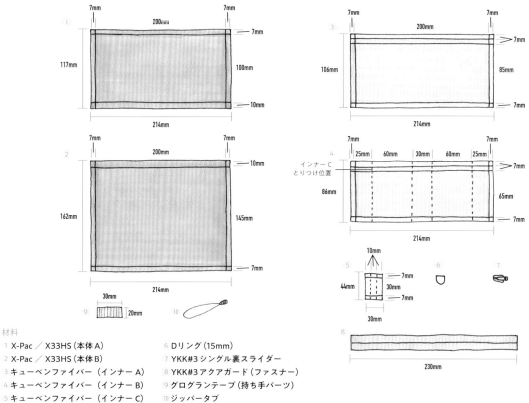

材料

1 X-Pac／X33HS（本体A）
2 X-Pac／X33HS（本体B）
3 キューベンファイバー（インナーA）
4 キューベンファイバー（インナーB）
5 キューベンファイバー（インナーC）
6 Dリング（15mm）
7 YKK#3 シングル裏スライダー
8 YKK#3 アクアガード（ファスナー）
9 グログランテープ（持ち手パーツ）
10 ジッパータブ

▶ 下準備をする

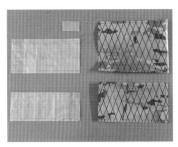

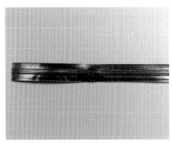

①生地をカットする

図面の本体、インナーの生地全てを切り出して準備する。X-PACとキューベンファイバーは、定規をあててカッターで切るときれいに切れる。また、図面のガイド線もすべて引いておく。線は油性ペンの細い方などで引くと作業中消えなくて作業がしやすい。

②ファスナーをセットする1

アクアガード（以降ファスナー）の端を少し開き、スライダーの開く側（入り口が2つに分かれているほう）から開いたファスナーを入れ、強く押す。スライダーの反対から閉じたファスナーが出てくるので、スライダーをゆっくりと引いていく。

③ファスナーをセットする2

スライダーを中央に移動させておく。作業中気をつけるべきことは、完成までスライダーを端まで移動させないこと。スライダーが抜けたりファスナーが開いた状態で作業をすることになってしまう。ファスナーの左右がずれたらこのタイミングで直しておく。

▶ ファスナーを縫う

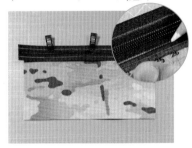

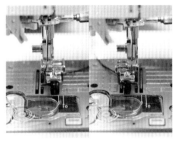

④ファスナーに印を付けてセットする

始めに③までにセットしたファスナー裏面の両端からそれぞれ5mmで線を引き、印を付ける。本体Aの表面、長辺上部にファスナーの裏面（線を引いた側）の端を合わせてピンチでとめる。このときファスナーの両サイドの余りが同じ長さになるようにする。

⑤ファスナー押さえをセットする

ミシンの押さえをファスナー押さえに交換する。通常の押さえでもいいが、ファスナー押さえのほうがきれいにしっかりと縫える。写真左がファスナーコイルの右側を縫うときに、写真右がファスナーコイルの左側を縫うときに使う（メーカーで異なる場合あり）。

⑥ファスナーを縫い付ける1

本体Aの長辺端とファスナーの端を合わせた場所から5mmの場所（線を引いた場所）を直線縫いで縫う。このとき、縫い始めと縫い終わりは本体Aの短辺端から7mmのところにする（＝7mmあける）。始めと終わりはかならず返し縫いをしておく。

⑦ファスナーを縫い付けるコツ

縫い進めていくと、途中でミシンの押さえとスライダーが干渉して縫いづらくなる。その場合は、途中で押さえを上げてスライダーを縫い終わった部分にスライドさせると作業がしやすくなる。このとき、スライダーのずらしすぎに注意。

⑧ファスナーを縫い付ける2

⑦までの作業で縫い終わったファスナーの縫い目を起点にめくり、表面にする。めくったら少し本体Aとファスナーを引きながら折り目を付ける。そのまま折り目から2mm程度の所で直線縫いをする。このときも本体Aの両短辺から7mmのところはあけておく。

⑨ファスナーを縫い付ける2 完了イメージ

写真は⑧の作業が終わった状態。うまく縫うコツは、ファスナーと本体Aをしっかりと引き、前の縫い目ギリギリのところで折り返されている状態にして縫うこと。もしも斜めになってしまった場合は、後の作業で帳尻を合わせる。

▶本体Bにファスナーを縫う

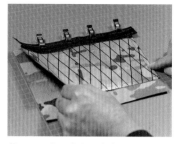

⑩ファスナーをセットする

ファスナーを縫い付けた本体Aの表裏を逆にして、ファスナーの端と本体Bの表面の長辺上部を合わせてピンチで留める。このとき、本体A、Bの短辺、そしてファスナーの端と本体Bの端がぴったり合うように調整する。ここでズレると完成品が歪むので注意。

⑪本体Bにファスナーを縫い付ける1

7、8と同じ要領でファスナーを縫い付ける。この時に、合わせた本体Bとファスナーがずれないように気をつける。また、縫い始めと縫い終わりも同様に端から7mmのところにする。とめたピンチは、縫い進めながら邪魔になったら外していく。

⑫本体Bにファスナーを縫い付ける2

8と同じ要領でファスナーを縫い付ける。このときもしっかりと本体Bと本体Aを引き、しっかりと⑪で縫った縫い跡の際で折り返されている状態で縫う。ファスナー部分の縫い目がしっかりとそろっていると完成度が高い見栄えになる。

▶インナーを縫う

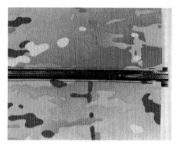

⑬縫い終わりイメージ

ファスナーが本体A、Bに縫い付けた状態。ファスナーがしっかりと本体に縫われているかを確認しておき、もしも失敗部分があったらこのタイミングで補強しておく。スライダーは本体端から7mmを越えて動かさないように注意。

⑭インナー A、Bを折る

図面のインナーパーツ上辺上部の7mmが2カ所ある部分を折る。始めに7mmで折り、づついてもう一回7mmで折る。キューベンファイバーは折り紙のように折り跡がしっかり残るので、折り目をまち針やピンチでとめておかなくてもいい。

⑮インナー A、Bの折った部分を縫う

⑭で折った7mm幅の中心を長辺のラインと平行に直線縫いで縫う。このとき、返し縫いはマストだが、短辺端から7mm以内のところで行う。写真はインナー A、Bが縫い終わった状態。この縫い作業は糸色を変えると印象が変わるので好みで変えてみよう。

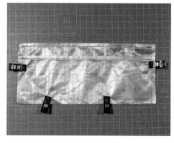

⑯インナー A、Bを組み合わせる

インナー A、Bをどちらも折り目が内側部分を上にして合わせ、ピンチでとめる。合わせるときは、両インナーの下部、左右を合わせること。素材を切った際に斜めになっていたらこのタイミングで帳尻を合わせる。とめる際はまち針を使うと針穴が残るので注意。

⑰ポケット部分を縫う

図面のインナー Bにある破線のところを直線縫いで縫い、ポケット部分を作る。このとき、ポケットの上部は特に負荷がかかる部分なので、しっかりと返し縫いをしておく。短辺両端から7mmのラインは最終的に縫われるので縫っても縫わなくてもいい。

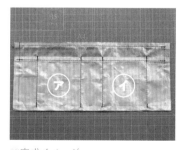

⑱完成イメージ

写真はポケット部分が縫い終わった状態。アイの部分がカード類を入れる場所になる。図面通りに作ると、1ポケットあたり6枚程度カードが入る。もしもたくさんカードを入れない場合は、アイの幅を1mm程度縮めるとちょうどいいサイズ感になる。

▶キーリングを付ける

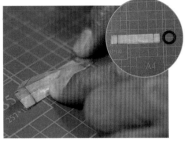

⑲キーリングのパーツを作る1

インナーCのパーツを縦位置に置き、破線のところ（10mm幅）で折る。織り方は、左右を中心に畳むようなイメージ。このとき、折り終わりの端にカット面が飛び出さないように注意する。飛び出した部分は摩擦で劣化しやすくなってしまう。

⑳キーリングパーツを作る

折ったインナーCを縦位置に置き、中心で直線縫いをして折り目があかないようにする。このときも返し縫いは忘れずに行う。縫い終わったら、折り目が内側に来るように半分に折り、そこにO（オー）リングを通す。最終的にこのOリングにキーをかけたりする。

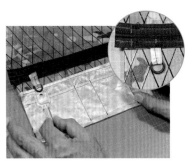

㉑キーリングパーツを縫いとめる

自分が使いやすい位置にキーリングのパーツを縫いとめる。位置は自由だが、今回はポケットの縫い跡の一番左端に合わせてある。縫い際は、ファスナーと本体の隙間にパーツを入れて、ファスナーの上から数往復しながらしっかり縫いとめる。

▶縫い合わせる

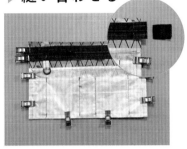

㉒全パーツをセットし縫う準備をする

生地裏面を表、本体Aを下で配置し、本体Bを本体A、Bの下部に合わせて裏側に返すように折り、上部を折る。ポケットパーツは下部に合わせる。持ち手パーツは半分に折り、ファスナー位置にカット面が外になるように本体短辺の際までA、Bの間に挟み込む。

㉓全てのパーツを一緒に縫う

㉒でセットしたパーツを全てピンチでとめて、全てのパーツを一緒に縫い合わせる。縫うのはファスナーがある側以外の三辺を各辺の端から7mmの所で縫う。特に持ち手パーツはずれやすいので注意。縫い始めと終わりはしっかりと返し縫いをしておく。

㉔余分な部分をカットする

しっかりと縫い終わったら、本体から飛びだしているファスナー部分をハサミでカットする。このとき、㉓の縫い目がしっかりと縫われているか確認をしておく。縫われていない部分があった場合などは、同じ縫い目をもう一回縫っておく。

㉕もう一度縫い強度を高める

㉔で縫った縫い跡と生地の端の中間辺りをもう一度縫う。この縫い作業で、もしも内側の縫い跡がほつれてしまっても中身が出ないようにバックアップする。今回は、用途および生地の特性上、切り端のパイピングは行わない（好みで行ってもいい）。

㉖表裏をひっくり返す

ファスナーを開けて、表裏をひっくり返す。ひっくり返す際は、ポケットに注意。ポケットは本体とポケットの間から表裏を返すようにする。角の部分は、定規などを入れてしっかりと直角が出るようにすると仕上がりの形がきれいになる。

㉗ジッパータブを付ける

最後に、スライダーの持ち手にジッパータブを付けたら完成。ジッパータブは色々な種類があるので蓄光のもの、小型のものなど好みのものを取り付けよう。

強度と軽量性のバランスが大事
シルナイロンザック

材料費
約3000円

細部まで自分好みの
ULバックパックを作る

極限まで不必要な物をそぎ落と
し、かつ自分に必要な機能だけを
入れ込んだバックパックは夢の
アイテム。今回作るのは容量が約
20～22Lの小型バックパックで、
耐荷重も決して強くはない。でも
このバックパックに何を入れて何
処に行くかを考えるとワクワクし
てくるはず。

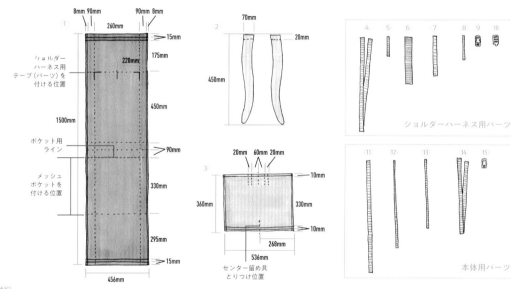

材料

1 シルナイロン（本体）
3 No-See-Umメッシュ（ポケットパーツ）

<ショルダーハーネス用パーツ>
2 ミディアム・ハンド・メッシュ（ショルダーハーネス）
4 グログランテープ（ショルダーハーネスの縁用）（20mm幅×1100mm×）×2本
5 ナイロンテープ（ショルダーハーネス下部）（10mm幅×100mm）×2本
6 ナイロンテープ（ショルダーハーネスパーツ縫い付用）（30mm幅×260）×1枚
7 グログランテープ（持ち手用）（15mm幅×240mm）×1本
8 ナイロンテープ（センター留め具用）（10mm幅×130mm）×1本

9 サイドリリースバックル（センター留め具用）（10mm幅用1個）
10 ラダーロック（ショルダーハーネス下部用）（10mm幅用2個）

<本体用パーツ>
11 グログランテープ（本体両サイド挟み込み用）（200mm幅×715mm）×2本
12 ナイロンテープ（ショルダーハーネスとの接続用）（10mm幅×600mm）×2本
13 ナイロンテープ（センター留め具用）（10mm幅×450mm）×1本
14 グログランテープ（本体上部入口用）（20mm幅×1010mm）×1本
15 サイドリリースバックル（本体上部入口用）（10mm幅×1個）

▶下準備をする

①本体生地のカットと線引き

本体生地を図面通りにカットして、作業がしやすいように線を引いて
おく。カット時は四隅の直角を正確に出しておくのがポイント。また、
初心者の方は表裏の両面に線を引いておくと今回のザックはきれいに
作りやすい。チャコペンは毎回尖らせてから線を引く。

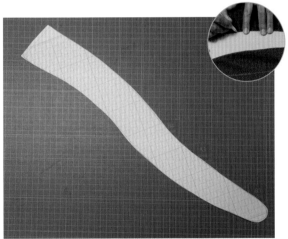

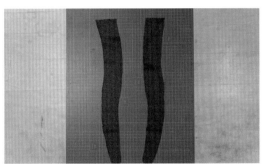

②ショルダーハーネスのパーツをカット

ショルダーハーネスは、図面の長さを目安に欲しい形の型紙を作って
おく。そうすることで2枚同じ形のパーツを切り出せる。また、簡単
に作りたい場合は50mm幅のナイロンテープを表記の長さに切り出
してそのまま使用してもいい。

▶ショルダーハーネスを作る

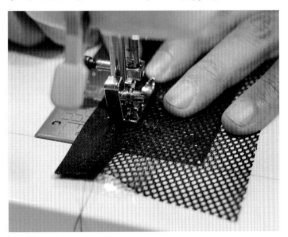

③ショルダーハーネス周囲を加工する1

②のパーツの周囲に20mm幅のグログランテープを縫い付ける。はじ
めに、グログランテープを半分程度までショルダーハーネスの端の下
側に配置し、短辺上部以外をU字型に一周縫う。このとき、作業がし
やすいようにピンチでとめながら進めていく。

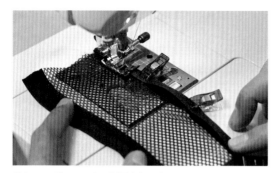

④ショルダーハーネス周囲を加工する2

ショルダーハーネスの端の外側に飛び出ているグログランテープの半分をショルダーハーネスの上に折り込み、さらに縫い付ける。このとき、ピンチでとめながら進めることで正確に縫い進めることができる。メッシュの下に透けて見えるテープにしっかり合わせる。

⑤ショルダーハーネス周囲を加工する3

カーブがきつく縫うのが難しいショルダーハーネスパーツの下部の部分は、目打ちで押さえながら少しずつ縫い進めていくときれいに仕上がる。もしも少し縫いずれが出てしまった場合などは、失敗した縫い跡はそのままに、何度か縫い直して仕上げていく。

▶ メッシュポケットを縫う

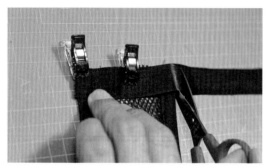

⑥ショルダーハーネス周囲を加工する4

ショルダーハーネス短辺部分に20mm幅のグログランテープを当てて縫う。グログランテープの切り後は末端処理をしておく。縫う際は、配置したグログランテープの周囲内側3mm程度の位置を一周縫う。ここまでの作業でショルダーハーネスの強度を上げる。

⑦完成イメージ

③から⑥までの作業を行った後のショルダーハーネス。これは、左右合わせて2本作る。メッシュファブリックだけだと強度が不足するので、蒸れ感を押さえつつもグログランテープでショルダーハーネス自体の強度を高めている。

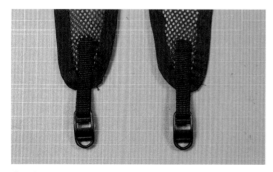

⑧下部パーツをつける

図面⑤のナイロンテープを半分に折り、そこに⑩のラダーロックを通す。できたパーツをショルダーハーネス下部に30mm程度重ね、縫い付ける。このとき、メッシュとグログランテープ両方を一緒に縫うようにする。ショルダーハーネスの向きに注意。

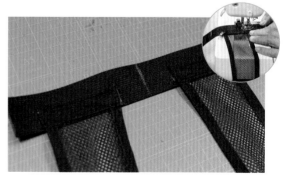

⑨ショルダーパーツを縫い付ける

ショルダーハーネスを、30mm幅のナイロンテープに縫い付ける。ナイロンテープの中心から好みの幅で、ショルダーハーネスはサイドリリースバックルが裏面になる向きにして配置し、ナイロンテープには20mm重ねて縫う。縫う際は強度が出るようにしっかり縫う。

⑩センターの留め具を付ける

図面⑧のナイロンテープを半分に折り、サイドリリースバックルを通す。これを30mm幅のナイロンテープの中心に縫う。縫う際は引き抜けないように25mm程度重ね、数往復しながら縫う。縫う際は、サイドリリースバックルの裏面が上にくるようにセットする。

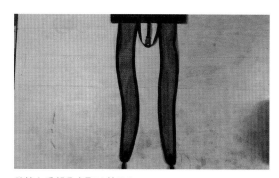

⑪持ち手部分を取り付ける

図面⑦のグログランテープをU字型に配置する。30mmナイロンテープに両端20mm程度重ね、位置はショルダーハーネスの内側のグログランテープに重ねる。この状態でしっかり縫うことで強度が上がる。写真は全て取り付け終わった状態。

▶ メッシュポケットを縫う

⑫ポケット上部を縫う

No-See-Umメッシュ（以降メッシュ）の長辺一辺を10mmで1回折り、折り端から3mm程度のところをミシンで縫う。メッシュは少し伸び縮みして歪みやすいので、ミシンで縫う際はあまり引っ張りすぎないように注意する。返し縫いもしっかりとする。

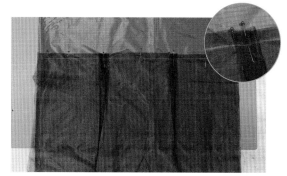

⑬ポケットを本体に配置して縫う

図面のポケット用ラインに、⑫で縫ったメッシュの折り目を表面、上部にした状態でメッシュ下部の下から10mmのところに合わせる。メッシュを図面の20mmに合わせて2カ所ギャザーを作り、まち針でとめる。とめたら直線縫いで縫う。

⑭ポケットを返してさらに縫う1

⑬で図面のポケット用ラインに縫ったメッシュを、縫い目を起点にひっくり返す。返した起点から2〜3mmのところで再びメッシュと本体を縫い、ポケットの強度を高める。このとき、ギャザー部分がミシンの押さえに引っかからないようにゆっくり縫い進める。

⑮工程⑬⑭のポイント

⑬のところでギャザーを作った際に、両サイドは本体とメッシュの幅がぴったり合うようにギャザーの幅を調整する。⑭でのメッシュの位置は最終的にポケットが本体に縫われる位置になるので⑬の際のメッシュの配置が間違っていないか確認する。

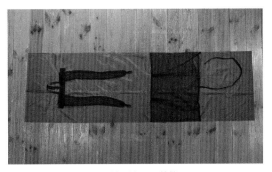

⑯メッシュにセンター留め具を付ける

図面のメッシュのセンター留め具取り付け位置に本体用パーツ⑬のナイロンテープを縫い付ける。取り付け位置は⑫で作業をしたポケット上部の中間のポケット内側。ナイロンテープは10mmほど重ねて、メッシュの2回折りした部分に縫い付ける。

▶ベルトを付ける

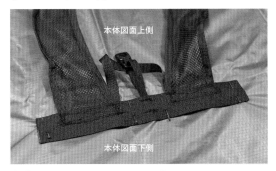

本体図面上側

本体図面下側

⑰⑪でできたパーツを本体に取り付ける

⑪でできたショルダーハーネスのパーツを、図面のショルダーハーネス用パーツを付ける位置に配置する。配置の際は、全パーツが付いているほうが上向き、30mmナイロンテープ面が表になるので注意。縫う際は四角の中に×を描く様に縫う。

▶バックパック本体を縫う

⑱本体表面パーツ取り付け終わり状態

本体表面に全てのパーツが取り付けられた状態で、パーツの向きや位置が間違っていないか確認をする。間違っていた場合はこのタイミングで付け直す。※写真のショルダーハーネスは、写真左にあったものをめくって右側にひっくり返した状態。

⑲本体を中表に折って両サイドを縫う

本体の布を、本来表側に来る側を中にして半分に折り、短辺同士を合わせて折る。折ったらピンチなどでとめ、両長辺端から7mmの所で縫う。縫った後を、図面⑪のグログランテープを半分に折って挟んで縫う。このとき、他のパーツを一緒に縫わないように注意。

⑳本体上部を作る１

袋状になった本体の表裏をひっくり返し、上部に図面⑭⑮のパーツを配置する。サイドリリースバックルを分割し、向きを合わせながらグログランテープにそれぞれ通し、グログランテープが輪になるようにテープを組み合わせて配置する。

㉑本体上部を作る２

本体上部両端に配置したサイドリリースバックルがずれないように縫う。縫う際は、本体両サイドから10mm程度飛び出た状態でグログランテープのみを縫う。縫い方はテープを数往復直線縫いするだけでいい。写真は縫った後もう一度本体に配置してみた状態。

▶マチと底側のベルトを縫う

㉒本体上部を作る3

本体上部を10mm自分側(外側)に一周折り、そこにテープを配置する。配置後ピンチでとめて、ミシンを裾上げ用のセッティングでグログランテープを本体に縫い付ける。縫う際は、テープの両端から2mm程度の場所に四角を描くように本体表面、裏面に分けて縫う。

㉓マチを作り、パーツを配置する

図面本体90mmのラインでマチを作る。マチは、底面と側面を合わせるようにして角に三角形を作る。その後、図面パーツ⑫を本体の中に入れ、マチでできた三角形の背面側に来る斜辺に配置する。テープは奥まで入れて、配置できたらピンチでとめる。

㉔マチ部分を縫う

㉓でナイロンテープを入れた状態で、そのままマチ部分(底辺部分)だけを縫う。縫う際は、㉓で作った三角形を本体の底辺、側面部分のそれぞれ前の縫い目をしっかり重ねて整え、テープもずれないように布を伸ばしながら縫い進めていくのがポイント。

㉕図面⑫のナイロンテープを縫いとめる

㉔で縫ったマチ内にあるナイロンテープを縫いとめる。縫う際は、ナイロンテープ内に縫い目で四角形ができるようなイメージで縫う。このときの縫いが甘いとバックパック使用時にショルダーハーネスが外れてしまうのでしっかりと縫い付けておく。

㉖㉓〜㉕までの作業が終わった状態

写真は、本体にマチを作り、さらにショルダーハーネス下部用のナイロンテープ(図面⑫)すべてを縫い終わった状態。三角形の中央にある黒のグログランテープは本体サイドを縫ったときのもの。この作業を底部2カ所同様に行う。

㉗ショルダーハーネスを繋げ末端処理

本体をひっくり返して正常な面に戻したら、㉓〜㉕でつけたナイロンテープと背面ショルダーハーネスにラダーロックを取り付ける。その後、ナイロンテープの末端を20mm程度で折り、折り面から5mm程度のところで縫いどめをしたら完成。

人気タープも低コストで制作！
T/Cタープ＆デイジーチェーン

好みのサイズが
作れるのが醍醐味

ソロキャンパーに人気のT/Cタープ。様々なメーカーで販売されているが、値段とサイズ、ときには「ループが足りない！」など折り合いが付かない人も多いはず。そんなときこそ自分で作ってしまおう！タープ作りは実はとても簡単です。素材を変えればUL系も同様に作れます。

材料
1 TC（タープ本体）×2枚
2 ターポリン（補強用パーツ）×8枚
3 ポリプロピレンテープ（ロープ用）×8枚
4 グログランテープ20mm幅（デイジーチェーン用）5450mm×1枚

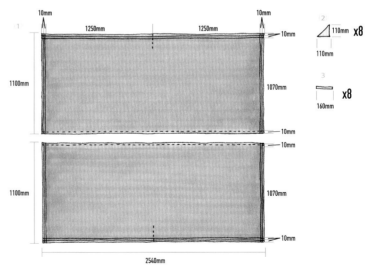

▶幕体（本体）を縫う

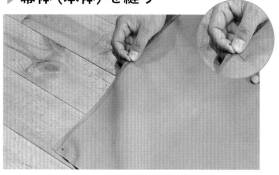

① 折り伏せ縫い（変形）で2枚のT/Cを繋げる ※以降5まで

図面の長さに切った布2枚を重ね、長辺を10mmずらす（10mmずれて2枚の布が見えるようなイメージ）。10mmずらしたら、まち針などで布が動かないようにとめる。もしも2枚の布の長さが違ってしまった場合は、短辺どちらかに辺を合わせて作業をする。

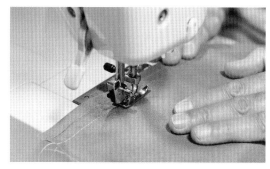

② 直線縫いで縫う

10mmずらした布の上側の布（下側の布が上側の布より10mm出ているイメージ）の端から10mm内側を直線縫いで縫う。このとき、縫い始めと縫い終わりは必ず返し縫いをしておく。距離が長い直線縫いが心配な場合は、予め10mmの場所に線を引いておくとよい。
※以降、糸はかなり消費するので下糸の残りなどに注意。

③ ②の作業のコツ

直線縫いの際は、糸は #30、針は厚地用、直線縫いのピッチは、3〜3.4mm程度を推奨。縫い進めていく際は、布自体が大きく長いため、ミシン自体の「送り機能」では布を送りきれず、縫い目が狂ってしまう場合がある。そのため布地を自身でも広げながら進めていくといい。

④ 折り作業をする

重なっていた布を広げる。そうすると、片側の布が端から20mm（以降A）、もう片側が10mm（以降B）飛び出た状態になる。始めに、AをBに合わせて被せるように半分に折る。次に折られたA・BをB側に倒す。Aが2回折られる中にBが巻き込まれている形になる。

▶ターポリンを付ける

⑤ 直線縫いをする

④で折った折り端から2mm程度のところで直線縫いをする。縫っていくと始めに2枚の布を繋げた際の縫い目と合わせて2本になる。もしも縫い進める際に折り目がずれてしまいそうなときは、事前に折り目にしっかりとアイロンをかけておくと縫いやすくなる。

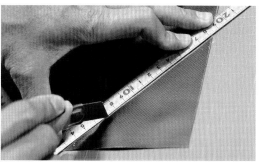

⑥ ターポリンを切り出す

張り綱用のテープを縫い付ける際に、本体の布が破けないように補強用としてターポリンを切り出す。切り出すときは、ターポリン自体が固い素材のため、事前にチャコペンなどで線を引き、大きめのカッターで切ると作業しやすい。

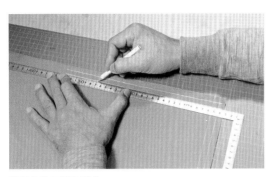

⑦布本体に線を引く

ターポリンを配置しやすいように、布本体に線を引いておく。引く線
は、図面のように本体の布四辺に端から10mm、さらに10mmのとこ
ろ。さらに、各辺の中心に印を付けておくとこの後の作業効率が上が
り、より正確にできる。

⑧ターポリンを配置して本体布を折る

線を引いた布端から2本目（20mmのところ）にターポリンを配置す
る。本体の布を10mmのラインで2回折り込み、折ったところにター
ポリンが入り込んでいる状態にする。しっかりと折ったらピンチでと
めておく。この作業を4つの角、四辺の中心計8カ所に行う。

⑨配置したターポリンを縫いとめる

　⑧ターポリンを配置し本体布を折り込んだ状態で、折り端から2mm
程度のところで直線縫いをする。本体布の四辺もすべて折り込んだ状
態で縫い進める。ターポリンの向きは四隅と四辺で配置の仕方が違う。
最後にターポリンの残りの辺も端から3mm程度のところで縫う。

▶ナイロンテープをつける

⑩張り綱を取り付けるためのナイロンテープを縫い付ける1

四隅、四辺に取り付けたターポリンの中心に、半分に折ったナイロン
テープを配置する。どちらも、ナイロンテープを折って輪になってい
る側を本体布から20mm程度飛び出すようにする。配置したら、縫う
際にずれないようにピンチでとめておく。

⑪張り綱を取り付けるためのナイロンテープを縫い付ける2

写真は縫い付け終わった状態。縫い方は、四角の中に×（バツ）がある
ような形にする。この際のポイントは2つ。1つは四角の短辺は数往
復して強度を高めること。もう1つは、短辺上部（外側）は本体の布を
折り込んだ部分になるようにして強度を高めること。

▶撥水スプレーを塗る

⑫撥水加工をする

完成したタープに撥水スプレーをしっかりとかける。市販されている
T/Cは撥水加工されていない場合があるので、自分で市販品を使って
撥水加工をする。撥水加工は、スプレータイプが簡単だが、塗るタイプ、
布ごと浸してしまうタイプがより強力。

▶デイジーチェーンを作る

⑬長さを決める

デイジーチェーン（クライミング用ではなく、物をかける用のチェーン）を作るために、まずは20mm幅のグログランテープの長さを測る。今回は、「完成したタープの長辺＋100mm＋（タープの長辺×1.1）＋100mm」の計算式で、5,450mm程度の長さにした。

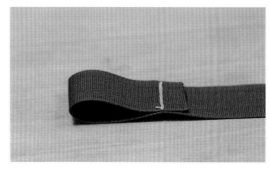

⑭片端を折って縫う

始めに、長さを決めた際に切ったグログランテープの両端をライターで軽く溶かして末端処理をする。そして片端を50mmで折り、切り端から10mmほどのところで縫いとめる。縫いとめる際は、負荷がかかってもとれないように何度も直線縫いで往復する。

⑮反対側を縫う

⑭で縫った端から「50mm＋タープ長辺の長さ＋50mm」の計算式で、今回は2,600mmのところで折り、折った端から40mmのところで⑭同様に縫いとめる。縫いとめるときに縫う場所が分かるようにチャコペンで線を引き、さらにピンチでとめると作業がしやすい。

⑯チェーン部分を作っていく

縫いとめた後、折り返されたグログランテープをチェーン状に縫っていく。このとき、決まった長さで、そしてたるみができるように作っていく。今回は、下のグログランテープに対し、折り返した上のグログランテープを5mm長めにずらして設定。縫い方は同様。

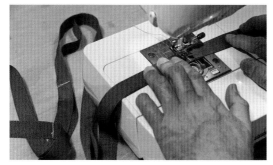

⑰等間隔で縫っていく

チェーン部分を縫い進め、最後の部分は始めに折り返して作った部分に重ねて縫いとめる。このとき、グログランテープが余った場合はほどよい長さで切り、末端処理をしてから作業する。縫い方は同様で、何回も往復しながら直線縫いをする。

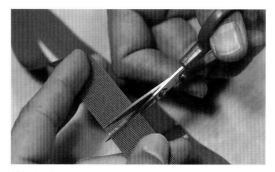

⑱仕上げ

等間隔でグログランテープを縫い進めた後、末端部分を縫う。始めにテープの長さの調整が必要な場合は1mm程度長めに切り、ライターで末端処理をする。⑭で最初に輪にして縫った末端に、10mm程度重ねて直線縫いと返し縫いをしたら完成。

ULハンモックも自作で！
エアライトリップハンモック

材料費
約9500円

ULハンモックも
直線縫いで簡単に作れる！

ハイカーの必需品であり、雪原を歩くときにもあると快適なハンモックは、UL系にも使いやすい軽い素材がたくさん世に出ている。値段もサイズもピンキリだが、自分で作れば最高の素材で、低予算で作ることができる。サイズも図面AとCの幅を調整するだけで簡単にできるのがポイント。

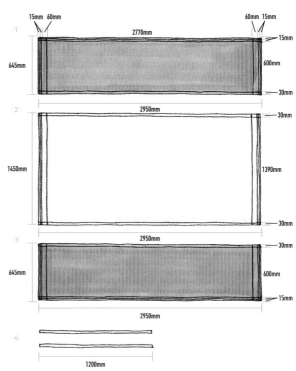

15mm 60mm　　60mm 15mm

1

2770mm

15mm

645mm

600mm

30mm

2

2950mm

30mm

1450mm

1390mm

30mm

3

2950mm

30mm

645mm

600mm

15mm

2950mm

4

1200mm

材料

1 エアーライトリップ（本体A）
2 エアーライトリップ（本体B）
3 エアーライトリップ（本体C）
4 Φ6mmロープ（登山用）

▶生地を縫い合わせる

①折り伏せ縫い（変形）で3枚の布を繋げる ※以降⑥まで

図面の長さに切った布3枚A、B、C、のうち、AとBを重ね、長辺を合わせ、まち針などで布が動かないようにとめる。もしも2枚の布の長さが違ってしまった場合は、短辺どちらかに辺を合わせて作業をする。※長さが違った場合は、A、B、C繋げてから帳尻を合わせる。

②重ねた2枚を端から30mmのところで縫う

重ねた布の長辺を、端から30mmのところで直線縫いで縫う。このとき、距離が長い直線縫いが心配な場合は、予め10mmの場所に線を引いておくとよい。糸は♯30、針は中厚地用を推奨。※以降、糸はかなり消費するので下糸の残りなどに注意。

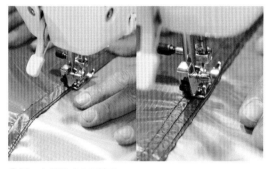

③布端を2回折る

②で縫い終わった後、一度生地を広げる。始めに縫い端30mmの部分を半分の15mm辺りで折り、次に②の縫い跡部分で折る（布地の幅が広い側に倒すイメージ）。この後縫い作業に入るので、不安な人はまち針で折り目が戻らないようにとめておく。

④折った部分を2回縫う

③で折った（最後に倒した）部分を、元の生地と一緒に折り目の端から2mm程度のところで直線縫いをする。縫い終わったら、その縫い跡と②で縫った場所の半分あたりを直線縫いで縫う。このとき縫い始めと縫い終わりは必ず返し縫いをする。

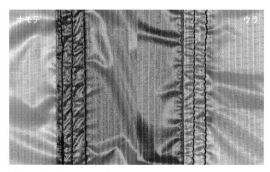

⑤BとCも同様に縫う

②〜④までの作業を、BとCの布も同様に行う。きれいに縫うコツは、色違いの布をしっかりと引き、さらに折り目も押さえること。そして縫い進める際は、布が大きくてミシンが布を送りきれない場合があるため、ゆっくりと一定の力で前に布を送り出してあげることの2つ。

⑥縫い上がりイメージ

写真が縫い上がりのイメージ。写真左が表で、右から2枚の布を繋げたときの縫い目、最後に中心に縫った縫い目、布を2回折った際に始めに縫った縫い目の3本がある。写真右が裏側で、縫い目が2つ見える状態になっていれば正解。

▶ 長辺を縫う

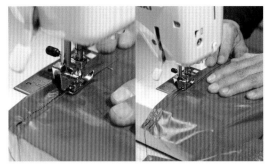

⑦3枚の布を繋げ終わった状態の長辺両端をそれぞれ縫う

長辺の布の端を、15mmで2回折る。このとき⑥の裏面側に折る。折ったら、折り目端から2mm程度のところを直線縫いする。その後、その縫い跡と布端の中間辺りをもう一回直線縫いする。もしも布を切る際にまっすぐ切れなかった場合はこの段階で微調整する。

▶ 短辺を縫う

⑧両短辺布端をそれぞれ15mm、60mmで折って縫う

短辺布端から15mmで折り、さらにそこから60mmのところで折る。このとき、布の長さ違いを調整する。折ったら折り端から2mm程度のところで直線縫いをする。心配な場合は、あらかじめまち針でとめておく。また、あとで均等に力が加わるように可能な限りまっすぐ縫う。

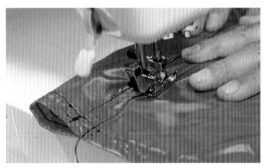

⑨60mmで折って端を縫う

⑧の作業後の布端から60mmのところで生地の裏側に折り、折り端から2mm程度のところで直線縫いをする。このタイミングで、もしも⑧の作業で布端がまっすぐにならずに歪んでしまっていたら折り幅を調整してまっすぐにしていく。調整後ピンチでとめてから縫い進める。

⑩端をもう一度縫う

⑨の作業で縫った場所と、⑧で縫った際の縫い跡（この縫い跡は⑨のように布全てが縫われていないので注意）の中心あたりを直線縫いで縫う。⑨と合わせて2回縫うことで、できた巾着部分に後で紐を通して加重をかけた際に縫い目が切れないように強度を上げる。

▶ ロープを通す

⑪ロープの末端処理をする

1200mmに切ったロープの末端をライターなどで熱し、末端処理をする。登山用のロープは、ロープの外皮と芯部分があるので、両方がしっかり溶けてくっつくようなイメージで処理をする。これをしないと、あとで外皮の中で芯がずれてしまって事故の元になる。

⑫本結びをする 1

はじめに、1本のロープを輪にして、末端をクロスさせる。このときに、右側から来る末端が上、左からくる末端が下に重なるようにする。その後、右に来たロープの末端を輪に一周くぐらせる（くぐらせた後は、写真の右側の状態になる）。

⑬本結びをする2

⑫右側の状態になったら、さらに両末端をクロスさせる。このとき、左からくる末端が上、右からくる末端が下になるようにする。その状態から固結びをするように結び強く引く。輪と輪が引き合うような結び目になれば正解。必ず両末端が6cm以上出ている状態にする。

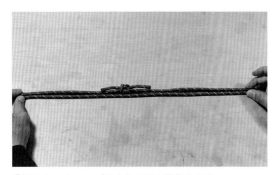

⑭輪になったロープを本体に通す準備をする

同様に2本のロープが本結びで輪にできたら、輪になったロープを引き一文字にする。このとき、結び目が端に来すぎないように注意する。結び目は最終的に見えなくなってしまうので、この作業のときにちゃんと本結びになっているかをしっかり確認しておく。

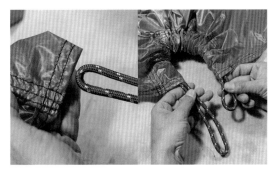

⑮ロープを本体短辺に通す

一文字になったロープを、ハンモック本体の短辺に作った巾着部分から通す。ロープを通すときは、ハンモック短辺よりも短いため、ギャザーのように寄せながらロープを通しておく。ロープを通す前に、必ず結び目を確認する。

⑯ロープを結び加工する1（8の字結び途中まで）

ロープの片方に輪を潜らせる（ア）。その後、潜らせた輪をもう一巻きまわしかける（イ）。通された方をしっかりと引いてハンモックの巾着部分を引き絞める。次に先端部分が上になるように輪を作り（ウ）、さらに後ろを通して8の字にする（エ）。

⑰ロープを結び加工する2（8の字結び完成まで）

⑯の（エ）で末端部部を本体の後ろを通りながら8の字をつくったあと、8の字の上の穴に末端部分を上側から通し、しっかりと引く。結び目をきつく作った際に、上の輪が直径5cm程度になれば完成。これをハンモック両短辺に行う。写真右は完成したところ。

⑱余裕があれば収納袋を作ろう！

ハンモック完成後、ぜひ収納袋を作ってみよう！収納袋は、四角形2枚をコの字に縫い、上部はハンモック作り工程の 8〜10 をして、ロープを通せばできる。コツは、ハンモックを可能な限り小さく丸めて大まかにサイズを測ること。

古いレインウェアで作る
リメイクサコッシュ

使わないウェアも
ムダにしない

　アウトドアウェアは、フィールドで使い倒すと焚き火で溶けたり、岩場で切れてしまったりと気をつけていてもダメージ部分ができてしまう……。補修をしながら二軍、三軍と降格させながら大切に使っても、いよいよ引退のときがくる。そんなウェア達に第二の人生を与えてみてはいかがだろうか？

　オススメは、サイズも形も自由に決められて、ウェアの特徴を活かしやすく、比較的作り方が簡単なサコッシュだ。サコッシュ作成時、一番の肝は使用ジャケットやパンツ、またはテントなどの生地のどの部分をどのように活かし、そしてどう切り出すかを考えること。

　ポケットを活かしてもいいし、忘れられない思い出が詰まった汚れや穴を活かしてもいい。愛着が湧く一品を作り、引退したウェアをまた自分の相棒として復活させてあげよう！

素材
今回使用したのはレインジャケット（メンズLサイズ）。縫い目からは水が浸入するが、生地自体は防水素材なのでサコッシュにしたときに何かと便利。もちろん、レインパンツやウィンドブレーカーなどでもサコッシュを作ることができる。

材料
1 サイドリリースバックル（20mm幅）
2 面ファスナーオス・メス（20mm幅）それぞれ50mm
3 ナイロンテープ（20mm幅）100mm×1本、
　Sサイズ1000mm、Lサイズ1300mm程度×1本
4 グログランテープ×作ったサコッシュの3辺分の長さ＋数cm

素材をどう活かすかを考える

素材（今回はジャケット）を広げて、どこからどのような向きで、どのくらいのサイズで切り出すのかを考える。きれいな場所を使ってもいいし、思い出の傷やシミ、ロゴなどを活かしてもいい。このタイミングでしっかりと構想することで、納得のサコッシュができる。

プラスチックパーツも無駄にしない

素材を切り出す前に、作業がしやすいように邪魔になりそうなバンジーコードやプラスチックパーツ類を先に外してしまう。コードストッパーやジッパータブなど、まだ使えるパーツは保管しておくと交換パーツや自作のパーツとして使うことができる。

▶生地を切り出す

1 材料を切り出す前に、素材（今回はレインジャケット）をどう活かすか？どのくらいのサイズにするか？を構想しよう。ポイントは、素材のポケットやフラップなどを生かすこと。最終的に同サイズを表面、裏面用に2枚切り出すことを考えながら生地取りをしていく。

2 写真は制作するサイズを書き出したところ。書き出す際は欲しいサイズから外側7mm程度に縫いしろをとる。上部に面ファスナーを取り付ける場合はその分の折り返し40mmも忘れずに線を引いておくこと。マチを付けたい場合は、欲しいマチ幅の半分の長さで多めに生地をとっておく。

3 最初に、線を引いた部分よりも大きめに切り出していく。今回はジャケットの平面部分もそのまま裏地として使用するので2枚一緒にカット。この際に重石で生地がずれないようにしておくのがポイント。ザックリと一気に切り出すためにロータリーカッターで作業を進めると楽。

4 3でザックリと切り出した2枚の生地がズレないようにまち針で一周とめる。その後裁ちバサミで線に合わせて切り出す。こうすることで、同じ形の生地を2枚一緒に切り出すことができる。切り出す際は、念のため手で押さえて生地がずれないように慎重に切っていく。

5 切り終わったらまち針をすべて外す。写真は2枚の生地が切り出された状態。写真上側が表生地でジャケットのポケットを活かして切り出したほう。下側が裏生地で何もない1枚生地になっている。つくる際は、自分でどちらが表生地でどちらが裏生地かしっかりと把握しておくのがポイント。

▶面ファスナーを縫う

6 サコッシュ上部にあたる辺の中心に生地2枚共に印を付ける。2枚の中心の位置がずれてしまうと、後で面ファスナーを付けた際にピッタリと合わなくなるので注意しよう。面ファスナーは、生地の上部から10mm程度下にずらした場所に配置する。この際の配置も2枚同じ場所にする。

7 面ファスナーのオス、メスを50mmに切り出し、短辺両サイドの接着部分（毛状部分）を2〜3mm程度ハサミで切る。こうすることで、あとで面ファスナーを縫うときに接着部分が邪魔になることを防ぐ。この作業をやると面ファスナー使用時の剥がれがだいぶ抑えられる。

8 面ファスナーを縫う。始めに付けた印にしっかりと面ファスナーを合わせ、面ファスナーの四辺を接着部分の脇で縫っていく。このとき、特に負荷がかかる4つの角はしっかりと返し縫いをして丈夫にしておく。また、使用時に糸が切れにくいように＃30の太めの糸を使っておくといい。

▶端を縫う

9 面ファスナーを縫い付けた上部を端から10mm、24mmで2回折り、生地の裏面に面ファスナーが見える状態にする。折り目の端から2mm程度のところを直線縫いで縫う。このとき、縫い始めと縫い終わりは返し縫いをする。うまく縫えるか心配な場合はまち針などでとめて作業をしよう。

154

▶周囲を縫う

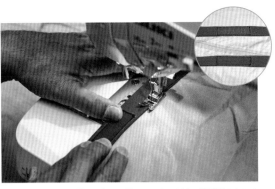

10 9の作業を生地2枚とも行う。面ファスナーがある場所はミシンの押さえが干渉して縫いにくいので慎重に行う。この作業の折り目も2枚しっかりと合わせておかないとあとでずれが生じるので注意。丸囲み写真が縫い終わった状態。この面が後で上部のメインポケット入り口部分になる。

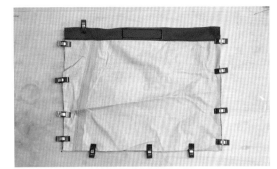

11 サコッシュの面ファスナーが付いた上部以外を袋状に縫うための準備をする。生地2枚の裏面を外にして合わせ、ピンチなどで生地がずれないようにとめておく。もしも生地サイズが違ったりした場合は、上部を基準に合わせておくときれいに仕上げることができる。

12 ミシンで上部以外の三辺を直線縫いで縫う。縫うのは生地の端から7mm程度の場所で、縫い始めと縫い終わりは返し縫いをする。縫い進める際、生地がずれないようにとめておいたピンチやまち針が邪魔になるときがある。その場合は都度外しながら縫い進めていく。事前にすべて外すと生地がずれるので注意。

13 グログランテープを生地三辺の端を包むように挟み、ピンチでとめていく。グログランテープはちょうど半分に折れるように調整して挟み込んでいく。グログランテープを折った奥にしっかりと生地端が当たるイメージで進め、角はグログランテープを折り込むようにするとうまく作業ができる。

14 グログランテープをとめた部分を、テープの中心あたりで直線縫いで縫っていく。縫い進める際は、グログランテープが生地から外れないように注意し、ミシンの押さえ部分ギリギリのところでピンチを外しながら縫い進めていく。角の部分はテープの折り目に注意しながら縫うのがコツ。

15 14の作業をするとき、縫い進める際にグログランテープがずれてしまいそうなときは、目打ちを使ってテープと生地をしっかりと押さえながら縫い進めるときれいに縫うことができる。強く押さえすぎてしまうと生地が前に進まなくなるので力加減には注意が必要。

16 三辺の内、最後の一辺を縫うだけになったら、縫い終わり数cm手前で一度縫うのをやめる。長めに用意したグログランテープを必要な長さで切り、切った部分をライターで炙って末端処理をしたら再び縫い進める。末端処理をする際は生地に熱が伝わらないように注意。

▶ マチを作る

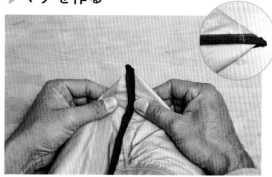

17 サコッシュ底にマチをつくるための準備をする。底部分の角の表生地と裏生地をしっかりと引き、底と側面の縫い跡を合わせた状態で引いて三角形をつくるのがコツ。できた三角形部分に必要なマチ幅の線をチャコペンで引く。底部分の両角が同じ幅で三角形を作れるときれいなマチができる。

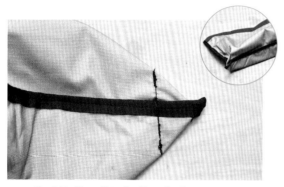

18 17 で引いた線に沿って縫う。縫い始めと縫い終わりは布の端まで縫い、返し縫いもしておくと仕上がりがきれいで丈夫になる。底部と側面のグログランテープ部分は、2つの三角形を縫う際に、倒す方向に注意しておく。あらかじめサコッシュの前面生地側に倒すなど決めておくのがポイント。

19 18 の作業後、サコッシュの開口部から表裏をひっくり返す。四隅、辺の部分を縫い目までしっかりと返し、またマチの部分も角まで定規などを入れて返しておく。縫い跡のほつれや縫い残しがないかを確認し、もしも本体の縫いミスなどがあれば、このタイミングでしっかりと縫っておく。

▶ ストラップを付ける1

20 ストラップ（調整可能部分側）を取り付ける作業をする。はじめに20mm幅のナイロンテープを100mmにカットして、カット面2カ所をライターで炙って溶かし、ほつれないように末端処理をしておく。火傷に注意しながらカット面を熱で溶かし、平らにならすイメージで作業する。

21 20 で準備したナイロンテープを、サイドリリースバックルの調整機能がない側（通す切り込み部分が1つのほう）に通す。ナイロンテープを通す場所を間違えると、あとでストラップの長さ調整ができなくなるので注意。ナイロンテープは、テープの半分まで通し、少し折り目を付けて半分にする。

22 21でできたパーツを、サコッシュに仮どめする。とめる位置は、サコッシュの裏面に来る生地の中側。右利きは右側、左利きは左側に取り付けると使い勝手がよくなる。グログランテープのパーツをめくり、開口部端で上部から20mm程度の場所にピンチでとめる。バックルの表裏にも注意。

23 写真はサコッシュの裏面から見た状態。ナイロンテープのパーツは、右利き仕様なので右側に仮どめされている。サイドリリースバックルは、裏面から見て裏になるように向きに注意。

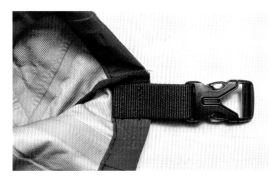

24 ナイロンテープパーツを本体に縫う。縫う際は、ナイロンテープの長辺から直線縫いで縫う。その際に、何度か往復して縫い、簡単に外れないようにする。縫う位置は、短辺端から5mm、15mm辺りで2本縫う。サコッシュには重い物をたくさん入れない想定なのでこの程度で十分強度が保たれる。

▶ストラップを付ける2

25 ストラップのナイロンテープが長い方を取り付ける準備をする。20mm幅のナイロンテープを自分の体に合わせて切り、末端処理を行った後、右利きの場合はサコッシュ裏側左にセットしてピンチでとめる。ストラップを付ける1同様にしっかりと端にとめ、ミシンで縫う。

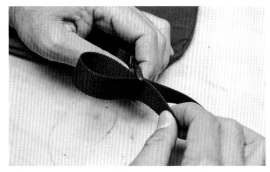

26 25で縫ったナイロンテープの末端を、ストラップを付ける1で取り付けたサイドリリースバックルの調整ができる側に通す。余裕があれば、通したナイロンテープの末端を20mm程度で折り返し、縫いどめをしておくとサイドリリースバックルからナイロンテープが抜けにくくなる。

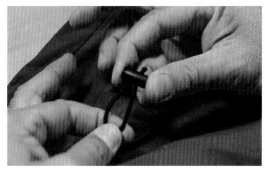

27 完成したサコッシュ。最後にナイロンテープの長さ、サイドリリースバックルの調整機能やサコッシュの出し入れなどを確認する。今回のサコッシュは前面にジャケットのジッパーを活かし、メインポケットは面ファスナーがある状態にした。好みで中に仕切りを付けてもいい。

アウトドアファブリックの購入方法

MYOGの世界がアウトドアの発展を築く

アウトドアの発展は、MYOG（make your own gear）なくしては語れません。MYOGとは、D.I.Yと同じような意味合いで、自分の道具を自分で作ったりカスタマイズしたりすることで、PatagoniaやTHE NORTH FACE、GREGORYなど、今あるアウトドアブランドは、バックパックやクライミングギアなどを、自分がフィールドで活動するために必要なギアを自分自身だけで作り出したことから始まっています。

昨今では、趣味でMYOGを楽しむ人が増えていて、余分なものをそぎ落とし、本当に自分に必要な機能だけを入れ込んだギアを作ったり、市販のギアを自分好みに改造したりして楽しんでいます。

アウトドアファブリックの入手は簡単！

一昔前まではアウトドアファブリックを入手するのが難しく、古くなったアウトドアウェアやギアを切り出して布やパーツに使っていましたが、今や入手が非常に簡単になりました。

入手方法は大きく分けて2つあります。1つ目は店頭購入で、大型の布販売店などではアウトドアでも十分使えるファブリックや、今回紹介したファブリックも入手することが可能です。店頭の良さは、実際にファブリックに触れて、光沢感や肌触りなどを確かめて購入することができることです。

もうひとつの方法は、ネットショップでの購入です。個人レベルでも小さなお店をネット上に作れるようになったおかげで、アウトドア用途に特化したファブリックやプラスチックパーツを購入しやすくなりました。ここでは、代表的なお店をいくつか紹介します。実店舗もネットショップを運営しているので、どこにいても購入することができます。

多様なアウトドアファブリックからパーツまで
Outdoor Material Mart

日本におけるアウトドアに特化したファブリックやプラスチックパーツなどを購入できる唯一のネットショップ。実際にファブリックを手に取って確かめたい場合は生地見本もお願いできるため、質感を確かめてから購入することも可能。

このお店で販売されているファブリックは、実際にガレージ系アウトドアブランドが使用しているものと同様のものを使うことができるので、スペック面でも満足のいくギアを作ることが可能。

ものづくりのコツなどを聞きたい場合は、ネット上のMYOGのグループなどを探してコミュニティーに入り、情報交換をしよう。

Outdoor Material Mart
https://outdoormaterialmart.jp/

創業90年を超える総合服飾手芸材料店
新宿オカダヤ

生地、毛糸、手芸材料の専門店で、グループ店合わせて東京都・神奈川県に14店舗ある。

アウトドア系ファブリックは「新宿アルタ生地館」に、コードやパーツは「新宿本店服飾館」に豊富に取り扱いがあり、東京都新宿区にあるオカダヤに行けば、ほとんど何でも購入することができる。思わぬ掘り出し物にも出会える可能性があるので、遠方からの利用者も多い。

オカダヤポイント会員に入会すると商品購入でポイントが貯まるサービスや会員限定セールを利用できるなどの特典があるので、お得に買い揃えることができる。

また、生地やコードは10cm単位で購入することができるので、気軽に購入しやすいのも魅力だ。

新宿オカダヤ 本店
住所：東京都新宿区新宿 3-23-17
時間：11:00-20:00
（現在は短縮営業中。本来は 10:30-20:30）

新宿オカダヤ 新宿アルタ生地館
住所：東京都新宿区新宿 3-24-3 新宿アルタ 4F,5F
時間：11:00-20:00
（現在は短縮営業中。本来は 11:00-20:30）

海外サイトもチェック

アウトドアファブリックは、海外サイトからネット通販で購入するという方法もある。代表的な通販サイトは「Ripstop By The Roll」で、他にも探すと様々なサイトがある。

面白いのは、ユーザーが自作したアイテムの投稿ページがあって様々なアイデアをチェックすることができる。また、ハンモックやバックパック、タープなどの自作キットやアウトドアギアを作るための型紙の販売も行っていること。購入目的ではなくてもサイトを見ていて楽しいし、自分でゼロからデザインするのは苦手という人は、型紙やキットを活用してMYOGの世界を楽しむことができる。

Ripstop By The Roll
https://ripstopbytheroll.com/

アウトドアファブリック購入のコツ

素材を購入する際は、国内だと10cm程度から購入が可能。購入時は、必要な生地量の他に、図面を布に描き出した際の余白部分なども考慮する必要がある。余計な出費を抑えるために、模造紙などでシミュレーションをしてから購入しよう。

海外サイトで購入する場合は、まずは言語の問題がある。これはネットの翻訳機能を活用するとある程度は解決できる。一番の問題はサイズの単位で、多くが「1yd（ヤード）=約0.9m」という単位になる。通貨、重さの単位などの違いも自分で日本規格に変換しながら上手に買い物をしよう。

PROFILE

長谷部 雅一（はせべまさかず）

1977年埼玉県生まれ。有限会社ビーネイチャー取締役であり、アウトドアプロデューサー。2000～2001年の世紀をまたぐ時期に丸一年かけて世界の旅をする。7000メートル級の山からパタゴニアの大地、シンプルな営みの国から先進国まで、自然と人、そして文化に触れ合う。現在も長期の休みを取り、世界中の様々な秘境へ旅に出かけている。仕事はアウトドア系のプロジェクトの企画・コーディネート・運営のほか、研修講師、ネイチャーインタープリター、場作りの仕掛け人も務める。親子や子ども向けのプログラムでは、ナイフと焚き火をメインにしたプリミティブなキャンプの方法を伝え続けている。
著書に『ネイチャーエデュケーション』（みくに出版）、『ブッシュクラフト読本』（メイツ出版）、『自作キャンプアイテム教本』（小社刊）など。

ブックデザイン	加藤弾（gaimgraphics）
イラスト	ハヤシナオユキ
撮　影	三輪友紀（スタジオダンク）
	後藤秀二
編集協力	渡辺有祐（フィグインク）
制作協力	ワイエスインターナショナル株式会社
	アリガインターナショナル株式会社
	三井物産株式会社
編　集	山本尚子（グラフィック社）

OUTDOOR FABRIC
アウトドアファブリック大全

2021年2月25日 初版第1刷発行

著　者	長谷部 雅一
発行者	長瀬 聡
発行所	株式会社グラフィック社
	〒102-0073
	東京都千代田区九段北1-14-17
	Tel.03-3263-4318 Fax.03-3263-5297
	http://www.graphicsha.co.jp
	振替 00130-6-114345
印刷・製本	図書印刷株式会社

©2021 MASAKAZU HASEBE
ISBN978-4-7661-3471-1 C2076 Printed in Japan